识干家

企業閱讀　學以致用

轻咨询

CASE 老板问诊管理咨询专家实录20例

董坤◎著

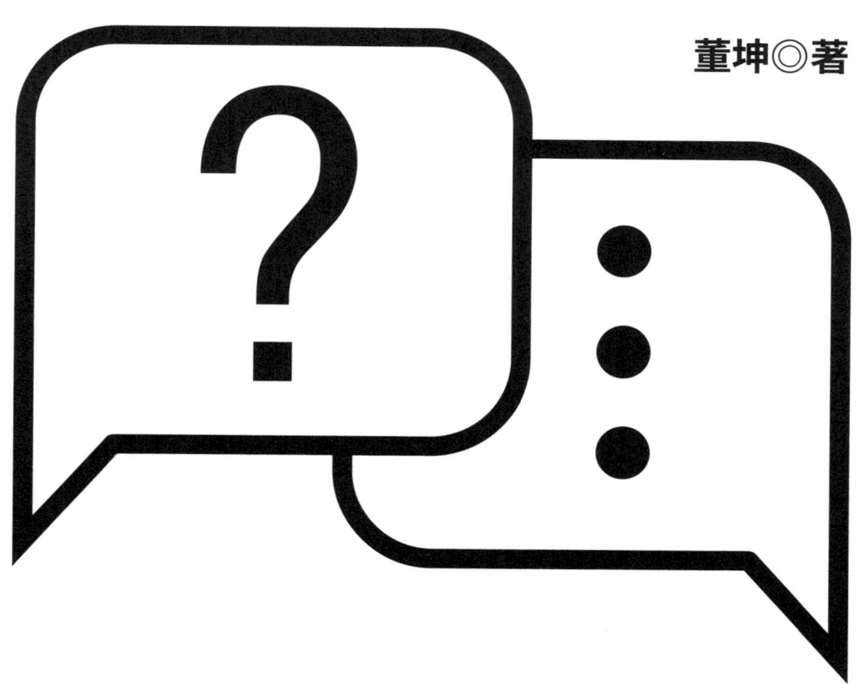

中华工商联合出版社

图书在版编目（CIP）数据

轻咨询：老板问诊管理咨询专家实录20例／董坤著. —北京：中华工商联合出版社，2022. 4
ISBN 978-7-5158-3339-2

Ⅰ. ①轻…　Ⅱ. ①董…　Ⅲ. ①企业管理－咨询－案例
Ⅳ. ①F272

中国版本图书馆CIP数据核字（2022）第044346号

轻咨询：老板问诊管理咨询专家实录20例

作　　者：董　坤
出 品 人：李　梁
责任编辑：于建廷　王　欢
装帧设计：李　冬
责任审读：傅德华
责任印制：迈致红
出版发行：中华工商联合出版社有限责任公司
印　　刷：河北宝昌佳彩印刷有限公司
版　　次：2022年5月第1版
印　　次：2022年5月第1次印刷
开　　本：710mm×1000mm　1/16
字　　数：215千字
印　　张：15. 5
书　　号：ISBN 978-7-5158-3339-2
定　　价：88. 00元

服务热线：010－58301130－0（前台）
销售热线：010－58301132（发行部）
010－58302977（网络部）
010－58302837（馆配部、新媒体部）
010－58302813（团购部）
地址邮编：北京市西城区西环广场A座
19－20层，100044
http：//www. chgslcbs. cn
投稿热线：010－58302907（总编室）
投稿邮箱：1621239583@qq. com

谨以此书，献给我亲爱的父亲董文明、母亲石淑云，祝福他们健康长寿！

导 读

从2016年5月到本书成稿的2021年，共有近千位企业管理者从全国各地来到深圳，抱着对我的信任参加轻咨询。

所谓轻咨询，不过是一场2个小时的关于企业发展问题的对话。在互动中，企业管理者和我一起在深圳欢乐海岸一家静谧的茶馆里，一边品茶，一边分析企业遇到的难题。

事后，这些管理者给我反馈，这样的咨询给他们带来了很高的价值，具体如下：

（1）给了他们一个思考的方向。

专门抽出2个小时，静下心来，了解自己和企业发展更多的可能性，是管理者难得的机会。

（2）能帮他们找到问题发生的原因，而非简单地解决症状。

企业问题的症状是繁复多变的，而造成这些“症状”的原因往往是简单的。轻咨询活动中，企业管理者和我一起寻找问题发生的原因。之后，他们便可对症下药，一次性从根本上解决问题。

（3）让他们意识到自己的局限性。

出现问题的企业，其管理者几乎一定会有自己的局限性。这种局限性并非单凭“格局”二字可以解释的。格局不够，是对企业管理者一句特别笼统、总是正确的评价。但这样的评价，并不能解决问题。得到了“格局不够”评价的管理者，往往不知道从何下手来提升自己的格局。他们是该从思想上还是行为上，抑或是企业环境上着手改善？

而轻咨询能让他们充分了解自己有哪些方面的局限性，如何改善。

这样，就把一些笼统的概念，变成可执行的企业管理制度，从而在行为、思想两个方面给管理者带来提升。

（4）通过质疑他们的观点，让企业管理者发现新观点。

对新观点的接受，往往因为个人主观性太强而遇到很多潜在的、不可描述的抵制。企业管理者往往非常清楚自己的某种行为和思想造成的后果，但无法接受一个能改变的新观点。

有时候，他们表面上接受了某个观点，但心里仍然会抵触它，这直接导致了行为上的“固守己见”。

而员工正是通过观察管理者的行为来理解他们的思想。一旦员工观察到管理者在行为上没有任何改善，就根本不相信管理者真正接受了新观点。

这样的企业无法上下一心，达成变革的目标。

（5）为企业管理者提供了一些方法论。

管理学、领导力、商业模式、战略和品牌都有一定的技术成分。除了掌握概念，部分管理者还需要掌握一些基本的技术模型，来分析自己面临的问题。

本书从近千个案例中，精心筛选出 20 个咨询案例。为管理者扫清一些基本的技术障碍，助管理者早日成为管理、领导、战略艺术家。

同时，如果你是一名咨询顾问，通过阅读此书，也能够深入了解一场成功的咨询活动绝不仅仅是对管理知识技术性的解释，它涉及对话的奥秘、客户的心理状态分析、领导力和对企业管理者的启发。

只有综合考虑这些因素，你提供的咨询服务才会真正给企业管理者带来价值，从而获得他们的信任，取得持续为企业提供服务的机会。

声明：为保障企业的商业利益不受影响，本书披露的全部案例，对参与轻咨询活动的企业管理者个人信息、相关企业名称、住所等可以识别企业的信息进行了必要的模糊化处理。

同时，为保障企业利益不受侵害，本书提供的案例皆为保密协议期限之外的，对企业现有的运营不构成影响。

目录

第二篇 商业模式：构建利益相关者的交易结构 / 51

第五篇 品牌管理：总体价值的心智投射 / 183

结束语 / 217

第一篇

人员管理：做好人才的选用育留

公司决策者的选择、团队的组建和激励，以及人才的引入，是公司经营中常见的管理难题。

第一部分通过四个咨询案例故事，呈现在近千起咨询中最突出的、被询问最多的管理难题。

通过阅读这个部分，你可以发现很多管理问题既有独特性，又有共性。同时，管理问题和公司其他运营要素，比如领导力、战略、商业模式和人力资源等问题具有很强的相关性。

通过阅读和分析实际的咨询案例，相信你可以更深入地体会这一点。

一、谁更适合做 CEO

一对年轻的夫妇建立的从事旅游服务业的创业公司，度过了艰难的草创期，公司收入增加，人员逐渐齐备，但却遇到了管理上的难题。人才要么招不对，要么留不住，怎么都找不到符合公司 CEO 要求的人才。

为了解决这一难题，创始人夫妇预约了轻咨询服务。随着咨询的逐渐深入，我们一起发现了更为深刻的问题：比起丈夫，妻子更适合做 CEO 的工作。

◇精心雕琢的产品受客户青睐

这是一个冬季里的晴天。冬季刚好属于这家公司业务的淡季。这家公司是做旅游服务的，项目很单一，只有一个环青海湖骑游项目。

客人从一些网络渠道，比如去哪儿网、携程等平台找到他们。然后，支付费用，前往青海。客人中有朝气蓬勃的年轻人，也有退休了想要休闲的长者，还有中年人，以及想短暂逃离城市压力的白领。

不管来人是什么角色、有什么意图，他们都会帮客人安排好一切，让他们通过环绕青海湖，感受湖天一色这一自然景观的奇迹，追寻人与自然合一的体验。

项目规划安排得很好，虽然在和他们见面前，我没有机会亲自体验，但从他们提供的销售额数字上看，我相信这个项目他们做得很用心。

这家公司的创始人是一对年轻的夫妇。丈夫是公司的 CEO，这一成功的旅游产品就是他牵头，以产品经理的身份亲自体验、改善、搜集客人意见后迭代出来的。他说：“每个骑行过程中的歇脚点，都是经过精心计算的。”

根据客人的身体状况，行程中设置了不同间距的歇脚点。这样，能让客户以最适合的方式来完成环青海湖骑行。

听到这里，坐在 CEO 身边的妻子点点头，肯定丈夫说的事情。

◇招来的人才都不满意

开场白过后，我觉得自己应该提一些问题。于是，在取得他们的同意之后，我问道：“真没想到，这样一个小而美的旅游项目，让你们做得有声有色。那么，我们需要解决什么问题?”

“老师，我们将公司的总部从青海搬到广州，就是为了吸纳人才，扩大经营规模。青海湖这个项目有局限性，每年只能做夏秋两季，而春季和冬季，我们就没事儿可干。因此，公司需要增加新的产品线，扩大经营。

“但问题是，我们到了广州之后，招聘了一些人，但总感觉工作主要是自己在做，这些人基本上帮不上忙!”

“为什么会这样呢?”我继续追问。

“目前，我们认为是公司负责招聘的人力资源专员的能力不行，他不能分辨出来我们想要的人才。”

“既然已经知道了问题所在，你们有没有采取一些行动呢?”

“我们刚刚花重金招了一个新的人力资源员工专门负责招聘。这个人到岗三个月了，但还没有发现招聘工作有什么进展。”

CEO 的妻子，如今在公司负责行政的一位漂亮女士报出了这个重金的数目。的确，对于一家初创的小规模企业来说，能给出这样的薪资来聘请招聘负责人，可以看出，公司深受人才匮乏的困扰。

“那么，我们用什么来判断，目前已经在公司入职的这些员工不能满足工作要求呢?”

提问的时候，我又强调了一下，请对方提供一些事实案例。不要用模糊的语言，比如员工能力不行、积极性不高、脑子懒于思考。这些看上去像是回答了问题，但实际上仅仅是个人的主观判断，不是事实。

他想了一会儿说：“我们准备研发一条新的线路，弥补春季和冬季的档期，这样公司就不会在这半年毫无收入了。为此，我们特意招了一些研究线路的产品经理。他们的工作做得很粗糙，很多事儿做完了，我都要重新做一遍！”

“你能举个例子吗？”

“比如海南旅游线路的开发，我们派了一个产品经理到海南一个月，回来之后，做的线路规划毫无特色，就是常规的、每个旅行团都有的规划。

“于是，我不得不再去一次，然后推翻了他的规划，重新做了一个。

“目前，这个规划上线了，效果还不错。”

“所以，根据这件事，你判断这个产品经理的能力不行？”

“是的！”

我故意沉默了一阵子，给对方一些思考的时间。但对方似乎并不愿意对这个判断进行更多的思考。所以，我只能用新的问题来引导他。

“那么，我提一个可能会让你感觉不舒服的问题，但我觉得这个问题是找到真正的原因必需的，我们的目的是找到真正的原因，我可以问吗？”

“老师，您不要客气，我们来咨询就是为了找到问题的解决办法。所以，不会因为不舒服而有顾虑。”

他很爽快地回答我。但我知道，未必如此。我经历过无数次这样的场景，对方的回答都是类似的，但那些让人感到没面子的问题提出来的时候，还是有人会恼羞成怒。

这种恼羞成怒，不见得会从对方的外在行为上直接表现出来，往往会以一种隐蔽的状态存在，比如心里的暗暗抵制，听不进意见，或者为自己找理由等。这会干扰咨询的过程，从而导致双方很难获得理想的结果。

为了让咨询对他有益，我只好小心翼翼地问道："那么，请问，有没有什么人，在离开了您的公司后还在这个行业的，而且他做得还不错?"

我说这些话的时候，已经尽可能地委婉了，但听到这个问题，这位CEO的妻子还是眼睛一亮、全身一震，看了看自己的丈夫，透露出一种有话想说，但又不确定自己的丈夫让不让自己说的紧张状态。

还好，这位CEO言如其心，他并没有介意这个问题，和妻子对视了一下就说："还真有这么一个人，他三年前在我们公司提了一个方案，被我否定了。结果，他带着这个方案自己创业，目前营业额做到我们的6倍。他的公司已经是这个行业内数一数二的了。"

通过这段对话，我们发现了一个新的动向：公司可能真的缺少人才，但还可能是由于某些原因，人才的价值不能发挥出来。所以，才有类似的情况出现。

这就给最初的问题找到了另一种可能性。我凭经验判断，这种可能性也许更接近真实的原因。

但我不能直接把结论告诉给对面的人。原因很简单，这个结论是我的，不是他的。能抛弃稳定的工作，冒着风险创业，而且取得了不错的成绩，这样的人是很难轻易接受别人的结论的。

除非，这个结论是他自己得出来的。

"这种情况是偶然发生的，还是经常发生呢?"

"老师，您别说，经您这么一问，我发现这种情况还真不少。我感觉自己的公司为行业培养了很多优秀人才，这些人在我的公司工作一段时间后，出去都干得不错!"

他的内心还是骄傲的，但也注意到了问题的另一种可能性。

"你有没有想过，为什么这种情况'一而再，再而三'地出现呢?"

我准备留下一些空白，或者干脆暂停谈话，给他时间，想清楚这个问题。

◇CEO 不会用人

坐在这位 CEO 身边的妻子，此刻终于忍不住要说话了。看来，这件事折磨她很久了，所以，不吐不快。

“原因很简单，他不会用人。公司里的人，除了他自己，他看谁都不顺眼。人家工作过程中，他就要过去审核，左看看，右看看，给别人没有完成的方案找问题。

“员工都烦死他了，他自己还不知道！他要求公司的每个人都必须按照他的想法工作，最好一步也不要差！

“没人能这么做，于是，凡事他都亲力亲为。刚刚说的，我们花重金招聘了一位招聘专员，人家面试的时候，他还要到会议室旁听。

“处处给人感觉，他信不过任何一位员工！”

“他们是不行啊！干什么事都一塌糊涂！到头来还不是我重新做一遍。这样工作效率很低，不如就叫他们按照我的想法做！”

丈夫已经在反驳妻子的判断了。妻子带着一点点怒气，闷在一边不出声。看来，关于这点，他们之前已经有很多次争吵了。所以，妻子一提出来，丈夫就会立即反驳，丈夫一反驳，妻子觉得再说话就要吵架了。

事实上，有经验的咨询师不愿意在接待一位客户的时候，同时接待一位与客户有关的旁观者。咨询中，第三方人士突然说话，会打乱咨询师的节奏。这种情况需要咨询师足够冷静，否则就会陷入混乱的节奏，从而影响咨询的效果。

“既然我们的 CEO 先生认为太太说的没有道理，不如休息一下，然后，我和太太一起听一听 CEO 先生的看法。

“在休息之前，我有个小小的建议，请 CEO 先生思考一下。今天我们来到这里，实际上是因为按照已有的常规办法无法解决公司缺乏人才的问题。

“所以，我们需要多听听不同的意见。那么，我建议，整个咨询过程，也要留一些时间给女士。

“你们看怎么样？”

对方显然会同意我的建议，毕竟两个人是一起来的，既然一起来，自然都是有话要说的。

当冲突激发了情绪的时候，老练的咨询师都会利用一些小手段，让大家的情绪稳定下来。因为他们知道，一旦情绪占据了人的主要感受，那么智商和思考的能力就会迅速下降。

这些小手段，包括沉默一小会儿、号召大家去洗手间、休息十分钟等。

果然，几分钟后，当我们再回到咨询桌前进行对话的时候，二人的情绪已经稳定了。

接着，我又重复了一遍问题：“是什么原因让离开公司的员工在其他环境中表现更好？”然后，请 CEO 先生说对这个问题的看法。

“我还是觉得，这些人在我这里学了不少东西。比如前面出去创业的那位就跟我学了很多东西，他们的线路设计几乎和我们的产品一模一样。这才是他们出去以后，干得不错的原因。”

虽然情绪稳定了，但这位 CEO 对这个问题产生了抗拒心理。他不认为或者说是不肯承认自己的行为在这一过程中产生了不好的影响。

在这里，我决定插入一个观点。这个观点对他们来说或许不是新鲜的观点，由于他们明显没有养成系统思考的习惯，因此，在此插入这个观点还是很重要的，我相信这一举动能有效地推进咨询的进程。

“我们知道，影响一件事的因素往往不是单一的，而是很多复杂的因素共同作用，形成一个系统，才会让问题越来越难以解决。

“关于这点，我们能达成共识吗？”

CEO 先生点点头，同时，马上就明白了我所说的。

“您的意思是，出现这个问题的原因不只我说的这些，太太说的也可能是原因之一？”

◇CEO 妻子的管理热情

我点点头，他将信将疑，但总算开始思考太太的说法了。我继续问他："在这家公司中，你感到最让你有成就感的工作是什么？或者说你觉得干什么工作，自己感到最快乐！"

"当然是研发新产品！当我能够以尽量低的成本，帮客人设定最适合他们的旅游线路产品时，我感到最开心。特别是当客人对这一产品赞不绝口的时候，我简直兴奋得要死！"

"最让你懊恼和感到心烦的工作呢？"

"就是面试、招人的事情，总也选不到合适的人，让人很有挫败感啊！"

"我喜欢这些工作。但每次还没等到工作呈现出结果，他就要惹怒这些员工了。"太太在一旁说道。

听了这话，CEO 先生又产生了抵抗情绪。不过，还好我将 CEO 太太也列为咨询参与的人员而非第三方，所以我可以听取她的想法。

"说说，您为什么喜欢这些工作？"

"因为我知道，公司单靠我和丈夫是做不大的。所以，我们必须想尽一切办法找到优秀的人才，把他们留在公司，让他们为公司做出贡献。

"这个问题简单想想就知道了，公司发展到目前的状态，就是因为我丈夫开发了一条非常优秀的旅游线路和相关的行程。这些深受客人的喜欢，很多客人找我们不止一次。

"如果公司想要在一年内实现增长翻倍，我们需要的就是再开发一条新线路，同时确保老线路，也就是环青海湖这条线路依然有竞争力，保持收入增长。

"开发线路非常不容易，所以，一个人不可能既开发新线路，又经营好老线路。就算我的丈夫是工作狂，可以同时干好这两件事还累不垮，那明年呢？如果我们再增加一条线路，该怎么办？

“毕竟从我们公司出去的人，干这一行比我们晚，如今营收都是我们的 6 倍了。

“我们翻个 2 倍、3 倍，也不算过于宏大的目标吧？但要实现这个目标，必须依赖他人，而不是什么事都亲力亲为！

“所以，我觉得招聘、管理工作必须有人做，而且我也喜欢做这些工作。”

听到太太这么说，这位 CEO 的情绪又好了起来。很明显，他认同太太的说法，他也认为公司要发展，必须学会依赖团队而非个人，但他不知道该怎么做才能建立和维护好这样的团队。

这轮对话，让我发现了一个更隐晦的问题，我感觉这家公司的 CEO 选错了人，比起先生，太太更适合做 CEO。而先生的才能和热情更专注产品线路的研发。

毫不夸张地说，此类工作可以算是一种简单的研发工作。毕竟他们要在确保整个线路和行程的安排非常有特色的情况下，还要尽量节省成本。同时，正如前面所说的，他们要为不同的客人群体，提供相同线路的不同行程，适应客户的身体和年纪状况。

也就是说，目前 CEO 先生更擅长做一个优秀的产品经理或者产品总监，负责开发新的产品线路和行程。而他的太太，显然对公司战略目标、组建团队、管理团队、财务方面更感兴趣。

太太更适合做 CEO。如果对方能够接受我的建议，尝试让太太做公司的掌门人，可能所有的问题就迎刃而解了。

这个办法，还可能是最省力、成本最低、最系统地解决问题的办法。

但这个建议能被他们接受吗？特别是在传统的文化观念中，男性往往承担“当家做主”的角色，女性更多的是配合男性。

此外，这位 CEO 先生很爱面子。太太有反对意见，就会影响他的情绪。若是我提出，公司的 CEO 应该由太太担当，先生会不会把问题想到“面子问题”上？

在这短暂的接触中，我也不确定 CEO 的太太是否真的愿意承担这个职位的工作。很多女士往往希望自己能起到辅助丈夫创业的作用，而不是亲自参与。同时，她可能还有孩子、父母需要照顾，母亲和女儿的角色会让她分心不少。她是否有足够的事业企图心呢？这些都是我不知道的。

于是，我只能继续引导，努力让他们得出结论。我决定插入两个职位描述——产品总监和 CEO。

◇CEO 更适合做产品总监

“我介绍两个常见的岗位职责：第一，产品经理，负责公司产品和服务的开发……第二，CEO，负责公司战略的制定、管理制度的确立和主要人员的管理，以及对公司的财务状况进行管理……”

当我将这些话说完之后，看见先生的脸上有一丝不好意思，同时，紧紧地攥住了拳头，显然他意识到了自己的日常工作是产品经理的角色而非 CEO。

“如果二位认同上面所说的岗位职责描述，那么，假如有个机会，让二位重新选择自己在公司里的工作，先生会选哪个？太太会选哪个？”

大家沉默了一会儿，太太用热切的眼神看着先生，希望先生先开口做出选择。

结果，先生仍然逃避这个选项，他岔开了话题：“老师，如今她不愿意回公司了，她已经不想参与公司的事情了。”

这倒是个意外。刚刚，他们明明告诉我两个人都在公司工作。如今，随着咨询的深入，真实情况才慢慢浮出水面。

这位先生看着自己的太太，希望太太能说点什么？

可太太什么也没说。

这样一来，咨询陷入僵局，这个僵局只能由我来打破。于是，我问先生：“如果太太能够回到公司，假设她对 CEO 的工作还有热情，你愿意让她任公司的 CEO 吗？”

“她只要肯回来，就没问题。但是，就怕她不肯回来！”坐在先生身旁的太太听到这句话后，脸色有些黯然。

我也明白了先生话语中的潜台词，他并不情愿让出 CEO 的职位给太太，才会说“但是……”。

既然如此，这个问题就没有简单的解决办法了。也就是说，我们必须想办法让先生学会成为一个 CEO，但这个问题不是一个 2 个小时的轻咨询项目能解决的。

最后，我建议先生读一些关于领导力的书，希望他尽快学会成为一个优秀的 CEO。然后，结束了这次咨询。

【后续进展】

参加咨询后六个月，我听说这家年轻的公司还是关闭了在广州的办公室，又回到了青海。我不知道他为什么做出这样的决定，可能是 CEO 依旧没办法把公司的掌舵权交给自己的太太。当然，还有一些客观事件的发生，可以成为企业退缩的原因，在这半年中，新冠疫情开始了，几乎所有的旅游项目都停顿了，这也对他们的想法带来很大的影响。

【管理提示】

这个没有达到最佳效果的咨询，能给公司的管理者带来什么启发呢？我试着总结出来：

（1）问题发生了，管理者要学会找到造成问题的根源，而不是花精力为问题找理由。想要区分自己的目的到底是找原因还是找理由很简单，只要遵守以下法则就行了：

看一看你找出来的原因，是别人的原因还是自己的原因。

如果你找出的是自己身上的原因，那么，这可能就是造成问题的原因；如果原因总是出在别人身上，可能你找到的不是造成问题的原因，而是问题出现的理由，需要再三斟酌。

（2）再小的公司，也有不能人尽其才的状况。

（3）强势的创业者，是因为自己的坚持和强势才获得了初步的成功，但在快速变化的环境中，强势和坚持很快就会由优点变成缺点。

【咨询提示】

寻求咨询服务几乎成为当下企业提高自身竞争力必须采用的一种方式。咨询不同于培训，培训是为你提供知识讲解服务，而咨询是直接帮你处理难题，找到造成问题的原因。因此，管理者学会如何参与咨询，以及如何从咨询服务中受益，是必备的素质之一。

这些提示，年轻的咨询师也可以仔细了解一下，咨询不是简单地将自己的观点说出来给客户，而是要确保客户认同一个观点，进而采取行动。因此，咨询的过程不可避免地要调整客户的情绪及心理状态。

（1）所有请求咨询服务的人，其实都有一种“示弱”心态。

在不同的文化中，向他人寻求帮助，往往被看成是一种“示弱”的表现。特别是做高端咨询项目，如战略咨询、商业模式咨询和领导力咨询，往往都是在公司里一言九鼎的高层人士。在他们的观念中，寻求咨询、寻求帮助是十分危险的行为。他们担心人们会从他们的行为中做出判断，认为他们没有能力解决问题。

一方面，咨询师要照顾客户的这些心态，与他们进行理性的对话，创造安全的环境，即不要忽视对方的情绪和心态，不要灌输观点和知识，不能在未获得对方信任的情况下指责对方；另一方面，需要咨询服务的人大可不必将寻求帮助视为“示弱”的表现。

相反，有勇气寻求帮助，并从帮助中获益，实际上是一个优秀管理者最有智慧的做法。专业咨询服务是立足于人类不断进步所习得的相关知识持续融合，社会不断分工，效率不断提高的基础上，产生的公共社会智力资源。

企业需要资金资源，但更需要智力资源。能够在必要的时刻，运用成熟的社会智力资源，为自己的公司发展谋篇布局，这种救助者难道不是大战略家吗？

只有双方在心态上、情绪上都准备好了，才能快速建立信任，咨询服务才有可能取得最好的效果。

（2）不管咨询师怎么解释，管理者都不会认同他的观点。

管理者只会认同自己的观点，而不是咨询师的观点。咨询师竭尽全力，只能做到将自己认为正确的观点，尽可能多地变成管理者的观点。

如果有阻碍，那就退一步，要求更深入地了解管理者和企业的情况，直到你们共同找到了能解决问题的办法。

（3）管理者尽量保持开放的心态。

既然选择了咨询项目，就意味着对某个问题的处理没有把握，或者常规的办法不能解决问题。那么，为什么管理者不保持更加开放的心态呢？

如果想要找人来附和和肯定你的结论，咨询师不是一个好的选择。因为合格的咨询师，必然会说出管理者不喜欢听的反对意见。只有公司的下属和你的粉丝，才可能是会一直附和你的人。

（4）尽量劝说管理者单独来咨询。

案例中这位温柔的太太，性格够好了，但她还是给咨询工作带来了阻碍。CEO 先生可能会觉得，在妻子面前被咨询师问出了真相很没面子，从而在心里抵抗让真实的结论转化成自己的结论。

所以，他们回去没有任何行动，甚至很快就把这次关键的咨询忘记了。

因此，尽量劝说管理者单独参加咨询是有必要的。管理者也不要太着急，不要希望一下子解决公司的所有问题，让所有与自己相关的人都来参与咨询。

完善的咨询服务，后续会有深入企业、高管访谈的环节，等到事情进展到那一步了，自然能解决更多的问题。

咨询服务对企业的改善有一个过程，不是妙药仙丹，服下后就药到病除！

在咨询中，我本可以直接针对他们的提问，给他们讲一些领导力、管理制度、人力资源方面的知识，但我没有这么做，请读者思考这是为什么。

二、产品很棒，但只有老板一个人销售

企业专门研发了一种新型的工业印刷机，不但印刷速度快，而且不会制造粉尘，保护工作环境。最重要的是，产品价格低，使用成本也低——耗材费用大幅度降低。

在一年内，公司靠老板一个人跑销售，就做到了数千万的销售额。如此大好局面，却因为销售团队的建立和管理问题，让公司的发展遇到了瓶颈。

◇产品特别贴合市场的需求

两位中年创业者专门从广东佛山赶来深圳，到了相约的地点后，没有丝毫寒暄就直奔主题。

“您先看看我们的产品。”说着，这位男老板就将随身携带的产品介绍册递了过来。然后，好像怕我看不懂，开始一个个地讲解产品的优势。每项研发上的创新和突破，他都如数家珍。

看他说得起劲，我不忍打扰。但同来的女士显然注意到了我的表情，因此打断了自己的合伙人，说：“你可能不需要花太多时间介绍我们的产品。”

“可以简单介绍一下。”我趁机接过话头，“不过，这件事情不是重点。我们主要是看公司遇到了什么问题，然后将时间和精力主要放在解决问题上。这样，才能让你们受益于这次咨询。”

其实，在接受两人的咨询请求前，我已经通过浏览他们公司的官网对产品进行了一些研究。公司的主要业务是研发和生产新型的高速工业

印刷机，也就是印刷厂用于印制不干胶商标、报纸、杂志、书籍、包装等大批量印刷品用到的设备。

产品主要分为两大类：一类是黑白印刷机；另一类是彩色印刷机。整个产品系列就在这两大类目之下，以印刷速度（每分钟的版数）、印刷像素精密度（图像质量）、耗材、耗电、环保等级几个指标分为高中低档。

产品最主要的优势是更加环保：在印刷过程中不会产生粉尘。同时，印刷速度更快，而且整个设备的购买和维护费用也比市场上的同类产品低很多。

粉尘已经成为危害印刷厂工人身体健康的头号杀手，因此，他们的产品特别贴合市场的需求。

◇技术型创业者

“为了让咨询的效率高一点，我提一些问题，然后二位回答，这样我们就能有针对性地找到解决思路。”

我说完这些话，二人都表示同意。

“请问，您为什么会想到要从事这样的创业项目？”

“我之前是在工业复印和打印机设备制造公司上班，负责设备的整体研发，因此，我对目前这些机器制造粉尘的情况有所了解。

“一旦遇到干燥天气，印刷车间就粉尘飞扬。这些粉尘含有铅、汞等重金属，被人吸到肺里有很大的健康隐患。很多人患上肺癌就是因为粉尘，而其他如哮喘、慢阻肺等疾病，在印刷工人中就更普遍了。

“以前，开印刷厂的老板也知道这个情况，但那时候我们的劳动保护和环保意识不强。如今，PM2.5 等概念深入人心，企业及工人的劳动保护和环保意识逐渐加强。如果劳动保护设备不完善，印刷厂是招不到工人的。

“基于这些原因，我就想到：单纯依赖劳动保护设备阻挡粉尘被吸入肺里，只是被动地解决问题，从打印机和印刷机这一源头利用新技术来降低粉尘，才是主动解决问题。

“所以，我开始朝着这个方向寻找实现的技术。最终，让我找到了。但我原来的公司对这项技术能否在市场上产生收益持怀疑态度。

“我就想，既然如此，不如自己出来创业，于是就辞职出来开公司。”

“那么，在知识产权上，是否还会和原公司存在一些法律上的关系？”我要知道，如果公司做大了，会不会在知识产权上与原公司产生纠葛。

“您这点考虑得非常好。我也想到了这点，在离职之前，已经和原公司签订了相关协议，并且新的发明专利也是在自己的公司申请的，与原单位不存在知识产权问题。

“现在投入市场的这些产品采用的专利技术是全新的，是我在自己的公司里投入资金组织研发的，不会出现您提到的这个问题。”

从这些对话中，我能确认这位董事长是一位技术背景的创业者。他对自己的技术能力有很强的自信心，并且在产品技术规划、知识产权等相关问题上颇有章法。

◇销售人员流失严重

“很棒！今天，我们要解决的问题是什么？”

“我们的主要问题是销售和市场。这个产品虽然好，价格便宜并节省耗材，还会大大减少车间的粉尘。但您知道，现有的印刷厂早就有了自己的设备。

“印刷厂对这些设备的投入是一次性的，短期内是收不回成本的。除非客户要上新的印刷生产线，否则，他们是不会考虑采购新设备的。

“我们进入行业市场的机会窗口期很短，销售周期很长。我测算了一下，销售成功率最高的时候是遇到客户旧设备报废，或者上新的生产线。这样的单子基本上我们一去投标就能拿到。但是，如果印刷厂没有这两种情况，就不会买我们的产品。

“印刷设备从购买到报废，往往需要很长时间。这些行业特点给我带来了一个很大问题，公司很难招到优秀的销售人才。”

我想了想他的话，很快就明白他说的是什么意思，但还要向他确认一下。于是，我问：“您的意思是说，一个客户从被销售人员发现到真正下单的时间比较漫长。而销售这个岗位的薪资往往是由低底薪和高业绩提成构成的，这就让销售人员可能在很长时间里拿不到销售的业绩提成工资。因此，优秀的销售人员不愿意加盟公司，是这样吗？”

“是的，就是这个原因！您总结得比我好！”这位男老板见我很快就明白了他说的问题，兴奋起来。

旁边的女士也微笑着点头，是她联系我的。

时间是每个人最宝贵的资源，对于创业者来说尤其如此。这趟行程，这位老板要花费一天的时间往返，如果效果不好，损失的可不仅仅是一点顾问费用。

“好了，既然我的理解得到了您的肯定。那么我想和您一起找到解决问题的办法。

“我相信您来之前是做了一些这方面的尝试的，这些尝试都失败了。也就是说，最后优秀的销售人员因为拿不到合适的薪资都走掉了，是吧？”

他点点头。

“这个问题的背后，我们看到了一种假设：销售人员只能有一种薪资模式，就是‘低底薪＋高提成’。问题是，销售人员真的就只有这一种薪资模式吗？”

在咨询过程中，咨询顾问与客户的对话可能有很多句，但很多对话都是为了引出一个或者少数几个“关键问题”。

销售人员的薪资模式是否就一种？这个问题就是此次咨询的“关键问题”之一。

◇薪酬模式惹得祸

很明显，这位董事长也注意到了这个问题的重要性，他陷入了深思。

沉默了一阵子后，他问道："您是说销售人员的薪资结构可以提高底薪，然后降低提成？如果这么做，我们怎么确保销售人员真的努力做销售工作？"

"不，您先不要想得那么远，这节奏有点快。我提出上述问题，主要是想先请您考虑一下，是不是销售人员的薪资结构就只有一种模式？"

"这个……"他有点犹豫，"我觉得应该不止一种吧？"

虽然刚刚他找出了"高底薪＋低提成"的薪资模式，但他并不认可这种模式。在他的心里，销售人员的工资结构就应该是"低底薪＋高提成"。否则，怎么能激励销售人员开发市场和客户呢？

我本想问他，既然他说薪资模式不止一种，还有没有其他模式是他认为可行的？从他的话里，我觉得他并不是真的这么想。

"这样，我们先把底薪、提成这些字眼，或者概念放在一边，先来分析两个问题：第一，公司为什么要制定一个薪资结构，目的是什么？第二，是什么决定了薪资结构是否合理？

"您觉得自己为销售人员制定一个工资结构的主要目的是什么？"

"激励他们，让他们努力销售公司的产品。此外，在管理上可以达到多劳多得、公平分配的目的。不是说，人们往往不患多寡而患不均吗？"

"我能说说不同的意见吗？"对方见我竟然对这个大家都认为正确的"常识"有不同的意见，很是惊讶。他直了直身子说："这个观点有什么问题吗？您说，我很好奇！"

"简单来说，您是想通过薪资结构的设置对员工达到激励的作用。但我想插入另一个观点：管理学上的一些研究表明：工资多少，并不能取得管理上的激励效果，而仅仅起到保健作用。也就是说，不引起员工的不满，不损害他们的工作热情。”

“不能吧？难道大家工作不是为了赚钱？”对方显然不太相信这个结论，因为它是非常反直觉的。

咨询顾问一定要记得这句话：“客户是不会接受你的结论的，他只能接受自己得出的结论。”

因此，当客户不能理解你说的问题时，千万不要摆出权威的派头，强迫他接受你的观点，而是要引导他得出结论。

“请您回忆一下自己在其他公司打工的时候，让您特别努力、肯花心思思考和钻研业务的动力究竟是什么？”

“这个……”对方觉得这是很难回答的问题。我们一致决定给他多一点时间回忆。

◇双因素激励来帮忙

10分钟的休息时间后，回来刚刚坐下，他就告诉我想清楚了这个问题。他记得，大学毕业刚参加工作的时候，自己醉心钻研技术。而激励他不分日夜辛苦工作的原因是：想要得到同事和领导的肯定。

“虽然那个时候找工作的主要目的也是多赚钱，我会选择工资给得比较大方的企业，但工资带来的兴奋劲儿，只持续了不到三个月。

“拿到三个月的薪水后，就发现自己之前以为的‘好大一笔工资’，其实并没有那么多。老员工工作一个月拿到的薪水，往往是我的一两倍。因为他们为公司做出的贡献比较大，所以年终奖都会给很多。同时，老板还会在年会上给他们发奖状！

“第一次参加公司的年会后，我就下决心，一定要在技术上有所突破，要尽快掌握新技术，为公司做出贡献。我也要在年会的时候被老板奖励！”

当咨询对象打开话匣子的时候，你要鼓励他多说一点。这样，咨询顾问就可以从他的话里“观察”出一些端倪，然后协助他找到问题。

整个协助的过程应该立足事实。他说得越多，暴露的事实就越多，可以被你引用的内容也就越多。

“第一年工作，还有其他收获吗？家人怎么鼓励你的？”我继续问。

“说起这个，真的很令人兴奋。我把第一个月的工资拿给家里，母亲觉得那是一笔巨款，一直夸我有出息！

“虽然当时很高兴，但高兴的原因好像并不是自己给家里拿了钱。而是母亲对这件事的反应让我觉得自己是一个男子汉，能承担责任。这让我很有成就感！”

“当初您为什么决定出来创业呢？”

“由于持续努力，在公司里的职位也提高了，工资、奖金拿得越来越多。但好像失去了动力，做什么都是按部就班。这让我产生了焦虑，觉得自己这辈子好像看到头了。

“所以，虽然很害怕、很忐忑，但经过深思熟虑，我还是下定决心出来创业。原因似乎是，我不想就这么在公司工作一辈子。虽然老板很尊重我，也给了我很多钱，但总觉得这不是我想要的。”

“您说得非常好，那么，我们总结一下您说的一些事实：

“第一，您选择工作的时候是看薪水的，也选择了愿意为您支付较高薪水的公司，但薪水给您带来的满足感似乎在拿到三个月的工资后就消失了，是吗？

“第二，激励您在技术上刻苦钻研的是一组因素，其中包括想要像老员工一样赚更多的工资；想要得到老板和同事的肯定；想要获得荣誉上的奖励和升职，是这样吗？

“第三，您的母亲对您拿钱回家的反应，让您觉得自己从一个学生成了男子汉，很有成就感。您感觉自己有能力回馈母亲的养育之恩了，是吗？”

他点点头，补充道：“母亲为了把我带大，供我读大学，吃了很多苦。让她生活得好一点，我特别有成就感！”

“您真孝顺！”

我继续总结：“您创业的动力，并不是在创业之前就确定这件事100%能赚钱，您还是担心创业失败的，是吗？”

“那当然！创业肯定有风险！”他十分肯定地说。

“但您还是辞职开办了自己的企业。这背后需要巨大的动力。为您提供这个动力的是一种不服输、要追求自己存在的价值的精神，是吗？”

“老师，您说得真好，我就是这么想的，但是不会这么说！”我感觉他开始信任我了。此时，我们可以探讨更深入的问题，而不必怕引发对方的抵抗情绪。

“您客气了，不是我说得好，而是一位叫作赫茨伯格的老先生说得好。

“他通过研究发现，与工作相关但不是工作本身内容的因素，其实并不能对员工产生激励作用，这些因素是员工工作热情的保障因素。

“能对一个人的工作热情产生激励的因素，是与工作相关的因素。

“我来解释一下，与工作相关，但不是工作本身的因素，一般包含管理制度、人际关系、工作环境、薪酬、公司的政策、行政管理、福利待遇及工作保障。

“您可以看到，这些因素都是与工作息息相关的，但并不是工作本身。赫茨伯格认为，这些因素的优劣，并不能对员工的工作产生持久的激励。一旦员工对上述因素的要求得不到满足，就会伤害大家的工作热情。

“这和您的经历也是相符的。以薪酬为例，您选择工作的时候，是以薪酬高低来判断的。薪资低于市场水平，或者低于您预期的工作，您对它毫无兴趣，更别提工作热情了，对吧？

“但选择了相对高薪的工作之后，让您在工作中刻苦钻研的动力，是您觉得老板给的工资太高了，所以要加油努力，是吗？”

“没有一个人会这么想，大家都觉得老板给得少，自己更值钱！”他笑了起来。

“是的，激励您的其实是与工作相关的因素。这些因素包括工作中个人需求的满足、自我价值的实现、个人职业发展前景、个人成就、自我实现、自己的潜力是否可以充分发挥，以及工作中是否有自主感。

“从您的描述中，我们可以知道：激励您在技术上主动钻研的是工作中个人需求的满足。您之所以很努力，是希望自己能得到领导的赏识和同事的尊重，并且拿到和老员工一样多的薪资。这些是您努力工作想要满足的自我需求，同时涉及个人职业发展前景、个人成就、自我潜力是否可以发挥等因素。

“包括您后来决定创业，也是因为想要在个人成就、自我实现、发挥自我潜力等因素上实现突破，是吗？”

听到这里，他开始拿出笔记本，将赫茨伯格的双因素激励理论的相关内容记了下来。

记完笔记，这位老板开始仔细思考我说的话，然后便点头称是。

“到这里，如果您没有异议，我们再来看看此次咨询中要解决的第一个关键问题：公司为什么要制定一个薪资结构，目的是什么？

“您能说说自己对这一问题的思考吗？”

“我明白了。意思是说，薪资并非是激励员工努力工作的要素，而是为了不伤害员工的工作热情，企业必须承担的保健因素。

“怪不得公司里一些薪水很高的人经常说：‘为了钱，我忍了。’现在看来，公司可能是在激励因素上做得不够好，但员工觉得薪资很不错，所以就委曲求全地接受了目前的工作。所以，他们的工作热情并不会被激励，只是没受到重大伤害而已。”

“您说得完全正确！您回去以后，可以结合自己的经历思考一下这个问题，以便理解得更加深刻。

“下面，我们来看第二个关键问题：是什么决定了薪资结构是否合理？

“您现在有自己的答案了吗？”

“我想，保健因素肯定是其中之一。也就是说，不能给员工过低的底薪，这样会伤害他们的工作热情。但给得过高，也起不到激励作用。

“老师，现在我怎么开始质疑我们采用的这个底薪加提成的方式了？

“按照您说的，好像这个方式不太对！”

“您非常敏锐。为什么公司找不到优秀的销售人员？销售人员有两种来源：第一种是公司自己培养没有销售经验的人，但需要一个过程才能让他们成熟起来；第二种是直接招聘熟悉这一行业的老销售。第二类人能很快给公司带来效益，你目前最需要这样的人才加入。

“但有个问题，这样的人在原公司由底薪加提成的方式所获得的总收入，比跳槽到你的公司要多很多，是不是？”

“这个问题我没想过。有时候，我觉得给的底薪很高了，但还是吸引不了优秀的人才，原来问题在这里。我只跟同行比较了他们给员工的底薪数目及提成比例，却没有考虑到销售人员的总收入是什么情况。

“我还纳闷，给出的底薪高，提成比例也高，为什么优秀的人才就是不来？原来他们来这里，总体收入会降低很多，而且一时半会还提不起来。

“那我该怎么办？提高底薪？”

通过他的话，我看到他还是把自己的思维拘泥一个基本假设中：销售人员的工资就应该是底薪加提成的方式。

因此，我提示：“除了底薪加提成的方式，还有其他方式吗？公司的工程师是什么样的薪资结构？”

“工程师负责研发，薪资由基本工资和项目奖金构成。完成一个新研发项目的周期很长，一般以半年、一年计。所以，我们给工程师很高的基本工资，然后项目按计划完成后，会给团队一些项目奖金。但销售人员不一样吧？”

“想一想，您之前描述的情况是：公司的产品虽然好，但销售周期很长。所以，销售人员不能很快拿到提成，这会影响他们的整体收入。因此，公司才找不到好的销售人员。”

“您是说目前公司的销售周期和工程师项目开发周期一样长？对

啊，好像是这样的。销售人员开发一个客户，至少也要半年、一年，才能拿到客户的订单！

“我明白了。目前，销售人员应该和工程师采用一样的薪资结构。这样能确保他们每个月拿到最基本的收入，避免工作热情受到伤害。”

终于，他找到了当下问题的解决方法，这是令人欣喜的进步。但他的理解还不够系统。假以时日，随着公司产品大卖，在行业内形成品牌影响力，优秀的销售人员会大量涌入公司。那个时候，公司的薪资结构势必要进行调整才能适应新状况。

因此，我还要引导他回到第二个关键问题上。

“让我们再深入地想一想，是什么决定了公司的薪资结构是否合理呢？”

他陷入思考，沉默了一会儿说：“员工的总体收入要能保证不伤害他们的工作热情，无论他是研发人员还是销售人员。”

“非常正确！那么，随着公司的成长，薪资要稳步增长，确保员工的工作热情不受伤害。这是不是您的结论？”

“是的，这是我的结论！”他给出了肯定的回答。

“那么，企业的薪资结构，就要按照企业的发展状况进行调整。以销售人员为例，在公司产品销售刚刚起步或者进入新市场的时候，为了确保销售人员的工作积极性不受到打击，公司可能要根据市场上的标准，给销售人员较高的底薪和一定比例的业绩奖金。这样，才能确保销售人员来到公司后的整体收入，相比他之前的收入不会下降太多，让他们有热情开拓新市场。

“之后，当市场开始给公司带来稳定收入的时候，可以调整底薪和业绩奖金的比例。让销售人员的整体收入随着销售额的增长稳步增加，不要突变。这就可以确保他们的工作热情不受伤害。随着公司产品品牌的知名度提高，销售工作变得没有开拓性，变得更容易了，提成比例降低是必然的。

“您可以用‘底薪＋提成’，或者是业绩奖金、各种补贴等结构，综合控制销售人员的总体收入。尽量杜绝超级销售现象的出现。

“若是想要激励员工的热情，还要从和工作相关的因素下手，才能激发他们的积极性。

“您认可这个思路吗？”

“是的，我认为是这样！”

“那好，我们在思路上达成了一致，下面该做的就是一些细节上的工作。比如在漫长的销售周期中，奖金要怎么给？有时候，销售人员接触客户一年了，也没有拿到订单。如果一直不给奖金，非要等到客户下单了才给奖金，这样会让销售人员觉得整整一年的工作都没有得到肯定。

“如果给太多的奖金，毕竟客户没有下单，公司要承担很大的资金压力。况且，我们也不知道该如何计算奖金，您觉得是吗？”

“是啊，这个问题怎么解决呢？”

“我提供一种思路供您参考。

“我们可以将整个销售的过程分段。

“一是寻找客户与客户取得联系的阶段；二是拜访和了解客户的阶段；三是向客户发送一些样机试用的阶段；四是客户下单的阶段。

“每个阶段都有成果可以供公司考核。比如一个新的销售人员来到公司，一个月内他发现了多少个新客户？取得联系的客户有多少？拜访了多少客户？对客户的了解是否足够深入？客户是否愿意接受我们的样机？客户什么时候能下单？

“这些都是最后能否拿到订单的必要步骤，也都有数量和质量的考核办法，用考核结果来衡量奖金，应该是公平的。销售人员将工作步骤每推进一步，都会获得来自公司的奖励和鼓励，给自己带来成就感，这会对他们产生持续的激励，直到最后成功！”

听到这些，他十分激动，完全接受了咨询建议，并提出希望我能帮助他做后面的制度规划工作。

我很乐意接受这项工作，因为结论是他自己得出的，我是按照他的想法来完成这项工作。因此，当方案制定出来后，他一定有动力推动方案落地，而不是找理由抵触新方案。

【后续进展】

轻咨询结束后的一个月，我和客户一起制定了新的销售管理制度和薪资结构。他们用了 3 个月，就招聘到 9 位非常有经验的销售人员。

一年后，持续不断加入的销售人员把公司的销售额翻了 3 倍。这位董事长独自建立了全新的、适应新情况的薪资结构，只是请我做了细微的修改，新制度如今在公司运行良好。

两年后，我们又一起升级了公司的管理制度，提高了全员的激励效果。

【管理提示】

（1）赫茨伯格的双因素激励理论是非常经典的。这套理论立足于梅奥、道格拉斯·麦格雷戈、马斯洛等人的研究成果，为实现真正的激励作用指明了方向。因此，任何一个管理者都要掌握这套理论。

（2）管理工作要求我们有时候要从不同的角度思考。其中，包括换位思考、换人思考，最常用的就是换人思考。也就是说，当你不理解别人的行为时，试着将自己变成他。那么，立场的转换会让你更了解别人的想法，从而发现影响对方行为的潜在因素。

所谓换位思考，就是将员工摆在你的位置上，反思他会如何看待你面临的问题。也就是问员工，假设他是老板，会怎么处理这个问题？当然，你也可以请第三方专业人士，他最好和你要解决的问题没有利益关系，听听他对你和员工之间的冲突有何看法，也会让你受益匪浅。

【咨询提示】

（1）引导客户自己做出结论，后续的行动才会顺利。

企业找到咨询顾问，一定是公司的某些问题难以解决。在这个前提下，有经验的咨询顾问很容易看出客户公司存在的问题。发现问题后，咨询顾问很想推动客户针对问题进行变革。一来这样可以给客户公司带来改善；二来如果客户决定发动变革，顾问便有了新业务。

因此，咨询顾问常常迫不及待地将看到的问题指出来，没有耐心让客户自己意识到问题出在哪里。很多人可能会因为怀着对咨询顾问的尊重，而勉强接受了他们提供的“专业”结论。一旦真的要实施变革的计划和行为，他们往往会对变化产生抵触，拒绝采取任何行动。

同时，我们还要看到一个事实：咨询顾问提供的方案未必总是解决客户问题的良药。要承担变革后果的是客户而不是顾问。因此，如果客户拒绝咨询顾问的意见，顾问不但不能指责客户，反而要重新反思，找出问题的症结。不能简单地将原因归结于“格局不大”“气度不够”“勇气不佳”这些模糊的词语上。

（2）在陈述下一个观点之前，一定要确定客户已经明白了你当下的这个观点。特别是当观点之间有逻辑上的因果联系时，尤为如此。

也就是说，如果客户没有明白 A 观点，而他对 B 观点的理解又基于对 A 观点的认同，你在 B 观点上说再多也没有用。

（3）重复客户的话，帮管理者做出总结并向他确认，这一咨询步骤很重要。

这不单单是向管理者表达足够的尊重，最重要的是，你要让他知道，你理解他的问题和处境。

繁忙的管理者是不会想要和一个根本不理解他的人花时间谈话的，他们还有很多事情要做。

三、重金制订的股权激励计划，被员工嘲笑

公司成立23年，一直采用传统的管理方法。员工待遇，除了工资，就是年终奖金。年景好的时候，大家的整体收入还过得去。如今，经济下行压力之下，员工收入锐减。年轻人不愿意来，有点本事的老员工跳槽，留下来的都是业绩差的员工。

为了扭转颓势，吸引人才，公司斥重金做了一套股权激励方案。听了很多股权激励课程的管理者认为，若是将股权分配给相应的员工，肯定能激发大家的积极性。

结果这套方案刚刚公布两天，管理者发现，不仅股权激励方案没起到激励作用，还引发对公司管理层的怀疑，甚至嘲笑。

◇难做的股权激励

两位管理者是看了我的一篇订阅号文章《漫谈股权激励》，决定来参加轻咨询活动。这篇文章引起了这家公司管理者的共鸣。

"董老师，文章里说的现象几乎都被我们碰到了!"还没坐下，这位年长的企业管理者就说。

"您具体说说。"

"比如文章中说到的现象，员工会将股权激励当成公司忽悠他们的又一个办法。不少员工不认同公司的股权价值，认为自己能得到的股权，极有可能是废纸一张。"

管理者提起这些现象的时候，虽然面带微笑，但眼角下沉，透着一丝无奈。

“这样，我们先从最基本的聊起。您先介绍一下公司吧！”

说到这里，管理者的情绪稍微好一点，开始侃侃而谈。当说到自己辞职创办了这家纺织品外贸公司时，创始人掩饰不住骄傲。

“我们很快就在浴巾、毛巾类纺织品外贸企业中脱颖而出。这主要是我们坚持生产高品质产品，并积极加大材料应用研发上的投入。所以，我们接到了很多海外零售商、酒店的 OEM（代加工）订单。企业很快就做起来了。”

“不管是什么企业、多大的品牌，都不能抗拒性价比高的产品。”

“是的，您说得很对。那时候，我们接到一些大公司、大品牌商的电话或者 E-mail，还以为对方是骗子。真的不敢相信这么大的公司能找到我们！

“后来，这些大品牌都成了我们的客户。多年经营下来，公司在行业里积累了很好的商誉。

“随着行业的竞争愈发激烈，OEM 的订单利润变得极其微薄。产品提升遇到了理论上的天花板，新的纺织材料越来越少，棉丝的成本不断攀升。

“很多小厂开始用回收棉来压低价格，导致我们的订单流失，同时利润降低。行业中恶性竞争严重。

“但我发现，终端消费者购买产品的价格并未降低。我们投入了几十万元做了一次海外和国内市场调查。调查报告显示，消费者在浴巾、毛巾等家用纺织品方面的支出，实际上是越来越高的。

“而且年轻的消费者不会把一条浴巾用很久，他们会定期更换老化的浴巾。

“简单来说，就是市场需求在提高，终端销售额、利润也在提高。根据这份报告，我们认为，这个行业有深耕的必要。但我们不是需要改变 OEM 的经营方式，而是要做自己的品牌。

“所以，公司董事会决定进行品牌转型。同时，因为电商在国内外的兴起，我们决定新品牌以电商为主要销售渠道，慢慢做起来。

“公司有投入，有耐心，但却没有这方面的人才。我们在生产技术、材料应用等方面积累了大量经验，但缺乏懂品牌、懂营销及熟悉电商的人才。

“为了解决问题，我们管理层 5 个人到处学习。我参加了两个私董会，听了很多课后发现，如今这个时代，不实行股权激励的公司根本无法吸引人才。

“与公司所有的股东达成共识后，我们就开始寻找能够制定股权激励方案的第三方公司。最后，我们花了 140 多万元请了一家号称最专业的股权激励咨询公司为企业制定股权激励方案。他们派了 5 名顾问，在公司里 3 个多月，将方案制定出来了。

“这套方案的确非常专业、非常复杂，他们足足花了一天才向我们解释清楚。当我们信心满满地对全体员工公布方案的时候，大家不但没有按照预想得那样受到激励，反而对我们几个股东产生了怀疑。

“我亲耳听到，员工在私下嘀咕的时候，嘲笑这套方案不过是老板忽悠他们的新套路。

“这让我们股东很伤心！”

说完，他有点黯然神伤。我很想安慰他，但却知道苍白的安慰是不会起到任何作用的。能起作用的是通过这次轻咨询，让他知道问题到底出在哪里。

“您先平复一下情绪。您的情况我大概了解了，不如我们休息 5 分钟，5 分钟后再继续谈，好吗？”

◇员工不信任管理者

其实，谈话刚刚进行了 30 分钟，这 5 分钟不过是让他平复情绪。

当我们再坐到一起时，他已经平静下来了。

“您有没有了解，为什么员工会那么说？”

听到这个问题，他愣了一下。

“这个，我没有问他们。这不是很明显吗？员工产生了惰性，他们压根不相信努力会有回报。”

“您可以再想想！”我知道事情的发生缘于员工失去了对公司管理层的信任。但做咨询最重要的规则就是，尽量帮助接受咨询的人自己找出答案，而不是将你的答案强加给他。

“除了这个，我想不出还有什么原因导致他们产生了这种态度！”他回答得很干脆，拒绝继续思考这个问题。

我心里清楚，作为一个有着丰富经验的管理者，他肯定知道问题到底出在什么地方，只是不愿意面对罢了。

既然如此，不如继续引导他正视自己的内心。

“公司之前有没有推行过什么新政策？”我问道。

“有的，我们几年前在公司推行了新的管理制度。之后，在有了做品牌的打算之后，还搞了公司的内部创业。”

“效果如何？”

“很遗憾，可能是我们不太专业，这些改革后来都没带来特别大的改善。”

“您是否愿意再思考一下，为什么员工会对股权激励方案有这样的态度？”

他思考片刻，说道：“您是说员工因为过去的失败经验，对公司的管理层失去了信任？”

“您认为呢？”

“我曾经这么想过，但一直不敢肯定。今天听您这么一说，才发现员工的确有可能因为之前推行的项目失败而对公司的新制度产生怀疑！”

他开始正面认识问题了。正面认识问题，不回避，不退缩，尽可能找到接近客观情况的原因，是解决问题的前提。

“好，我们假设您的结论成立。”我借此强调一下，这个结论是他得出的，而不是我强加给他的，“那么，您可以思考一下，为什么会出现这种情况？也就是说，为什么公司的员工会因为一两次制度推行的失败而对任何管理层想要推行的新措施产生怀疑？”

“这是人之常情。如果一个人总是失败，想让别人信任是很难的。

“我估计，员工们见到前几次制度推行没有带来好的效果，所以，对新思路也产生了怀疑。”

他的回答开始有同理心了，他能想到：员工不信任管理层，可能也有管理层的原因，而不仅仅是员工有问题。

“为什么会这样呢？”我继续帮他寻找问题的本质。

他摇摇头，表示自己不知道这个问题的答案。的确，对于行事风格较为固定的企业管理者来说，换个角度思考问题并非是简单的事情。

“那我们退一步，您认为，前两次在公司推行新管理制度、内部创业做品牌失败的原因是什么？”我想到，应该用他切身的例子来引导他，效果可能会更好。

果然，说起这两件事，他的话匣子打开了，讲了足足30分钟。

“您说得非常全面，我来总结一下。

“第一，您认为公司制定新制度的时候，对管理制度和内部创业的制度建设并不专业，导致制定了错误的、漏洞百出的制度。这是失败的根源。

“第二，您认为在公司推行这两项制度的时候，全公司上下的执行力不够。大家没能遇到问题就解决问题，而是一味地回避问题。

“第三，您发现公司内部的沟通渠道并不顺畅。所以，很多问题出现以后，在相当长的一段时间里，管理层并不知晓。

“是这样吗？”我一边总结，对方一边点头表示赞同。

◇有必要征求员工的意见吗

“我再向您问一个略显尖锐的问题，您不要介意，好吗？”听我这么说，对方虽然嘴上答应下来，但他的表情告诉我，他还是感到了一定程度的尴尬。

作为咨询顾问，我不能为了维护客户的面子而不去引导他找到问题。

为了让对方真正意识到所犯的错误，从而采取行动，就必须照顾对方的感受，不能引发逆反的情绪。因此，当不得不提一些尖锐问题时，和客户，特别是年长的管理者，提前打个招呼非常有必要。

“在推行任何一项新制度、新方案之前，您和公司的管理层有没有征求过员工的意见？”我问道。

“有必要吗？我们作为管理者，主要工作不就是为公司寻找新的方向、制定管理策略吗？这是我们的工作，还需要征求员工的意见吗？

“我认为，员工根本不会考虑这些问题。大多数员工脑子里想的是在公司工作能否升职加薪，获得满意的薪水。至于新管理制度、内部创业这些战略层面的问题，员工很少会关注。

“他们只是希望公司的任何变化，最终能给他们增加收入。所以，我认为征求他们的意见，没有太大的必要性！”

听到我的“尖锐”问题后，我发现，这位管理者还是产生了抵触情绪。我坚信他知道问题发生的原因，只不过他暂时被自己的主观意识左右了想法，或者他不肯面对实际情况，才找了上述理由，试图解释自己的错误做法。但只要仔细思考，就会发现上述回答对解决问题并没有帮助。

此刻，如果咨询师缺乏经验，往往会采取两类行动。第一类是直接和客户冲突，拿出自己预备好的一大堆理论也好，观点也罢，力争通过陈述来扭转客户的想法。

这类行为的初心是好的，但一定会引起客户的抵触，不会给问题的解决带来任何好处。

咨询师的第二类行为往往是唯唯诺诺地跟着客户的思路走了，立即投降。

“您这么说也有道理！”这是他们的标准回答，然后绕开这个问题。

上述两种做法都不能真正帮助客户。有经验的咨询顾问不会采用上述两种方法，而是另辟蹊径来启发和引导客户。另辟蹊径的方法就是：

向客户呈现出按照他的想法采取行动的后果。

只要这个后果呈现出来，接受咨询的客户就会开始反思。你根本不用提醒他，或者试图用自己的情绪、专业程度左右他。

“照您的意思，管理者试图让员工去执行一个他们根本就没有参与制定的制度，这个制度恰恰要求他们改变自己的习惯，是这样吗?”

听了我的话，他表情愕然，愣了一会儿，请我再重复一遍。

“您刚刚说过，管理者制定制度，无须参考员工的意见，我的理解没错吧?”我耐心地询问。

“没错!”

“公司里要遵守新制度的人主要是员工吧？他们也是改变自己的行为来满足新制度要求的主体，是吗?”

“对啊!”

“所以，这么做的结果就是：员工要改变自己的行为习惯，遵守一个他们不能提意见，或许不认同的新制度，不是吗?”

对方陷入了沉思。的确如此，公司管理层在要求员工付出巨大的努力执行他们有可能不认同的制度。

这怎么能成功啊?

没过多久，坐在我对面的管理者恍然大悟。他很激动，站了起来握住我的手说：“从来没有人告诉我这个道理，我一直都认为员工既然拿了工资，就要按照公司管理层的要求来做事。

“从未想到他们有可能不同意这个新制度，或者对新制度有看法。如今这个时代，人才的价值是无限的，我们怎么可能单纯靠给工资，就要求他们做不愿意做的事情呢?”

我请他坐下后，继续说：“您想要进行制度变革的出发点，其实都是为了员工好。我相信，如果新的管理制度能在公司得到执行，那么相应的工作效率肯定会提高。内部创业就更不用说了。我看了您制定的内部创业制度，在这样的制度下，公司基本上是将积累了多年的资源，共享给了所有愿意挑战自己的员工。

“股权激励也一样，您和其他股东把珍贵的股份拿出来，做了详细的期权方案，这都是为员工着想。

“但为什么他们不领情呢？

“我觉得，他们可能是对新制度有意见。但我相信，这所谓的意见是由于他们没有真正理解新制度，对新制度有误解造成的。

“而我们的管理层没有在推行新制度前，跟员工进行充分的沟通，确保他们理解公司管理层的真正想法，这可能是他们抵触新制度的原因之一。”

“对啊，这套股权激励方案这么复杂，我们都要开一天的会才知道它的详细内容，员工怎么会清楚呢？

“如果他们不清楚这套方案，同时又影响他们未来的收入，就会认为公司管理层想尽办法来‘忽悠’他们，情有可原。”他笑着对我说。

我觉得，他开始明白问题可能出在哪里了。

◇动机＋能力

“当然”，我继续说，“事前充分沟通，让员工理解新制度的意图，仅仅是制度执行不顺利的可能原因之一。但第一步没做，在这样的情况下，我们没有办法知道是否还存在其他问题。”

“是的！您说还可能遇到什么问题？”

“如果员工充分理解了公司的意图，感受到了公司对他们的善意，就有动机参与公司的变革。但凡事有动机是一回事儿，能做到是另一回事儿。

“比如一个人有动机去改变世界，但是做不到，您觉得可能哪里出了问题？”

“能力不够！”他不假思索地回答。

“正是如此！动机有了，我们还要看员工有没有变革的能力。在股权激励方案这件事上，就要看他们想获得公司的股权分红，要如何改变自己？要掌握什么能力？他们有办法提升能力吗？

“如果这些都没有，公司要做什么，比如提供培训、读书、尝试实践、管理者指导等学习的机会，才能让他们真的开始行动。

“当动机带来的尝试欲望大于能力欠缺带来的焦虑时，人们就会行动。否则，他们不会采取任何行动。”

“我明白了。看来是我们把事情想得简单了！我们以为管理制度也好，内部创业也罢，还有最近的股权激励方案，其实都是为了员工，无论从能力上还是收入上都有提高，是公司对他们表达善意。

“既然如此，他们就该悉数接受，不应该有牢骚。

“经过您的分析，我发现管理层对员工的好，他们没有理解，因此产生了误解。而执行人毕竟是他们，这就相当于用强制力来逼迫员工去执行他们不理解的政策。

“误解让我们所有的努力都付诸东流。”

对此，我无须多言，只给了他一个微笑。

【后续进展】

事后，我为这家公司做了股权激励的咨询项目。第一步就是打通上下级沟通渠道。当员工充分理解了公司管理层的真实意图之后，他们不但对整套方案表达了前所未有的支持态度，而且给管理层提了很多好的建议。

我们将这些建议融入股权激励方案，员工的积极性被充分调动起来，公司也开始吸纳所需的年轻人才。如今，他们已经在跨境电商出海平台上成功地打造了自己的品牌。

【管理提示】

（1）任何方案，仅仅是实现企业变革目标的工具，是手段而非目的。变革要想成功，必须落实到改变行为这个层面上。行为的改变，又取决于人的思想，因此，实现变革的首要工作是统一思想。

当思想统一了之后，企业管理者按照这个思想制定出来的方案，才是真正能被落地执行的。否则，再漂亮的方案，也仅仅是打扮艳丽的工具，不会给公司带来真正的改变。

（2）在公司发动变革的时期，沟通的重要性不言而喻。真正的对话，其实是共同的分析。当大家就一个问题贡献智慧、仔细分析时，才是真正有效的对话。

变革时期，因为每个人都熟悉的规则、制度要发生改变，所以每个人都要改变自己的行为习惯来适应规则、制度的改变。这意味着管理者要不断地接受被制度约束的员工的反馈，与他们开展真正的对话。

唯有如此，才会真正找到制度难以落实的原因，从而找到解决问题的办法。

（3）大多数管理者是强势的，特别是曾经取得过令人瞩目成绩的公司管理者，他们很难看到自己的问题。

但认清自己，是实现变革的第一步。因此，管理者在采取具体的行动之前，首先要认清自己，认清公司所处的环境和状态。如果自己做不到（这很难），可以找到信任的第三方来帮助你获得对自我的清晰认知。

（4）当管理者推广任何变革方案都遇到阻力时，换方案并不能解决问题。案例中，企业的管理者先推行了全新的管理制度，后发动内部创业，再寻求股权激励。这些变革措施，无一顺利落地。

换方案并不能帮你达到变革的目的，反思并寻找阻碍变革的原因，才是解决问题的出路。

【咨询提示】

（1）面对强势的管理者，咨询顾问要采取“呈现后果法”来引导客户，引发客户反思，自己找到问题的答案。提供答案的咨询顾问，永远成为不了最优秀的顾问；引导客户反思，自己找到答案的顾问，才是顶级的顾问。

（2）当对面的客户表达出强烈的情绪时，咨询顾问必须稳住自己的情绪，不要被坏情绪带动。

案例中，客户直接否定了咨询顾问提出的问题时，其实也表达了对自己不理解的问题所带来的困扰，并对顾问产生了怀疑。

此时，咨询顾问不能激动，不能依赖和过分使用自己的专家权力来强制客户接受你的观点。更好的做法是，回归客户提出质疑的问题点上，表现出对他的观点有兴趣，让对方明白，你一直在关注他的问题，而不是你的主张。这样，就能建立起你们之间共同的对话，从而对他所质疑的问题点共同做出分析。

（3）优秀的顾问不会因为客户表达出强势的态度，就放弃自己的主张。

四、从大厂挖来的人让公司赔了几千万元

为了实现在互联网和移动互联网时代的转型升级，这家从事汽车用品贸易的公司，专门从大的互联网公司挖了高级人才来建立新的团队。

在被挖的高手答应加盟公司的时候，创始人和公司的其他股东对新的团队寄予厚望。可两年过去了，这个高手和依照他的想法组建的团队，除了给公司带来3000多万元的亏损，别无其他。

这位互联网高手，仍然要公司追加投资。创始股东略显犹豫，他却指责管理层的格局不够，扬言自己在原互联网公司工作时，一个季度的市场推广费用预算就高达500万美金。

因此，公司创始人参加了轻咨询，希望能找到接下来行动的建议。

◇两难的咨询案件

在助理将这个咨询案例描述给我的时候，我发现这是一个两难的咨询难题。一方面，如果创始人继续投入支持转型项目，继续亏损，那么肯定会让公司陷入绝境；另一方面，如果创始人停止转型项目，公司也会失去寻找新增长曲线的机会。

这个轻咨询案件的核心问题在于公司该如何进行转型变革。但在所知有限的情况下，我唯一能做的就是帮助公司的管理者提供一个如何分辨目前任职的互联网团队负责人是否胜任的标准。

我相信，在会面中一定会谈到公司该如何转型的问题，创始人一定

会提出这个问题。但轻咨询有一个功能界限，这个界限决定了我无法在2个小时的初次见面中，就帮他找到这个复杂问题的答案。

很多咨询顾问心中没有这个界限感。他们常常会在没有充分了解客户公司的具体情况下，给出自己所谓的“专业意见”。这种界限感的缺失，很容易让客户蒙受损失。

在接触客户相关资料的一周后，我们按照约定见面了。公司创始人是一位年近五十的女性，十分亲切。

“您好，董老师。公司相关的资料您都看过了吧?”

“是的，基本情况我都了解了。但还是请您现场再介绍一下，以便我能了解得更多。”

听完我的开场白，她有点兴奋。然后，就开始滔滔不绝地对公司进行介绍。

“我们很早就进入汽车服务市场了，也就是汽车后市场。

“一开始，我们是从汽车玻璃贴膜做起的，代理了知名品牌3M等汽车玻璃防紫外线膜产品。后来，转型做了汽车用品。随着国内的车主越来越多，汽车车上用品零售市场很快活跃起来。

“我们代理了一些产品，自己也生产一些产品，做了很多年。”

“也就是说，你们目前的销售模式是‘代理或生产产品—分销’的简单模式，对吧?”

“是的。但我在这个过程中加入了一个‘导购培训’的环节，这让我们的产品在互联网电商兴起之前，一直在行业内受到好评。”

我对她说的这个“导购培训”的环节很感兴趣，示意她详细介绍一下。

“任何公司将自己的产品推向销售渠道时，都会采取铺货模式。

“比如我们的产品，是通过汽车服务店铺销售的，也就是您经常看到的洗车店、汽车美容店等。当我们的销售人员推广新产品的时候，店老板不会直接付费购买，而是让产品在店里先试销。

“这里有一个重点环节：一旦我们的产品放到店主（经销商）的店

里，就必须想办法让它的销量快速提高。我观察到，要想让一个陈列在店里的产品动销起来，核心不在于陈列，而在于各个店里的导购人员是否主动向客户推荐。

“这意味着如果导购人员在众多的陈列产品里推荐你的产品，销量就会很快提高。反之，不会提高太快。店主没时间也没有精力理会非核心产品的销售，除非某款产品销量激增。

“所以，相较其他的产品品牌，除了铺货，我们还组织了培训人员，对各个经销商店里的导购人员开展定期培训。只有让他们更了解我们的产品，他们才能推荐给车主。

“同时，我还提高了给导购人员的分红。这样一来，她们就更有动力来推荐我们的产品。

“因此，只要产品质量过关，销量很快就增长。”

听了她的描述，我觉得这个女老板的思路非常清晰、非常有逻辑，能很快抓住本来十分模糊事物的关键点，并采取有效的办法在关键点上下功夫。

这让我更进一步对她想要咨询的问题解决产生了信心。

◇互联网冲击而遭遇难题

“非常精彩！”我由衷地赞叹道，“那么，您今天的问题是什么？”

“我们的业务一直开展得不错，直到互联网电商兴起。电商越来越方便，退换货都容易，而且价格透明。所以，从上一年开始，我们部分标准产品的销售额开始大幅度萎缩。

“我们就想，既然大家都说互联网是未来的发展方向，不如也成立一个团队，专门负责公司的互联网销售渠道。所以，我们就从腾讯电商平台高薪挖了一个总监，并赋予他充分的权限，包括财权、人事权等。

“这个人来了快 2 年了，进行了各种各样的尝试，比如设计并推广我们公司的电商 App，运营品牌订阅号，在天猫和京东上开店等。

“这些尝试基本上都是干到一半儿就干不下去了，公司投入的 3000

多万元，几乎损失殆尽。

“如今，他又要公司追加投入，我和几个股东开始犹豫了，所以就来见见您，您有什么建议?”

“你们对这个电商的负责人的基本素质有没有深入思考一下？比如他对互联网的理解，对商业模式的研究等。”

“坦白说，这件事情我们没有做。原因是我们对互联网简直是一窍不通。

“之前和他谈合作的时候，这位在腾讯有过多年工作经验的年轻人，在我们心中简直就是大咖。他说的术语，SKU、UV、CV 什么的，我们完全听不懂，需要他一一解释。

“这个过程，让我们几个股东意识到，在互联网转型的过程中，我们最好的身份就是年轻人的投资人和帮助者。

“我们很难找到这样的人，自己又不懂，根本没有能力来核实他的基本素质。”

她说的是实情。很多企业管理者被一波又一波的通信技术在商业中产生的巨大威力影响，但因为自己对新技术无法全面理解，加深了对企业未来发展的迷茫。

◇企业未来的打算

“非常理解。关于公司的未来，您的想法是什么?”

我需要知道客户对公司未来的真实打算，然后看从哪个角度帮助她落实自己的想法。

“虽然互联网给我们带来了很大的困扰，说实在的，我们不愿意就此退出这个领域。

“但我们很清醒，不管是互联网还是大家说的大数据、云计算等新技术，单凭我们是无法理解上述技术对商业会产生什么样的影响，以及该如何应对。

“所以，对我们来说，公司的未来就是要找到相应的人才。如果我们有机会找到相关的顶梁柱，这件事情就可以继续进行。相反，如果不行，我们也做好了随时淡出的准备。”

就像我说的，这位管理者的思路非常清晰，非常有逻辑。她的这个能力简化了咨询的过程，让我们可以就一个问题深入地讨论，而不是对一个又一个问题进行表面上的分析。

来参加轻咨询的企业管理者中，有一定比例的人更希望一次咨询解决所有的问题。他们会提出一个问题，不等咨询顾问将这个问题彻底分析清楚，就急着问另一个问题。

他们的脑中好像有一个计算器，会将轻咨询的费用作为分母，除以轻咨询过程中提出问题的数量，来计算成本。如此计算，当然是提出的问题越多，成本越低。

其实，这是完全错误的想法。咨询顾问不能为了迎合客户的想法，而对他们的问题草率地给出答案。

◇谁是真正匹配的人才

“我们今天要解决的问题就是，如何判断一个人才是不是真正的人才，我可以这样说吗？”

“是的，如果能解决这个问题，其余相关的问题就可以迎刃而解了。”

“好，今天我们一起努力解决这个问题。首先，我想问您，您觉得如今公司最迫切地需要什么类型的人才？”

“我觉得熟悉互联网电商运营的人就行，我们先解决电商的问题。”她回答。

这句回答暴露了一个问题：她对这件事的理解，简单了。于是，我继续引导。

“公司如今由传统渠道转型到互联网电商模式，您认为这件事是延续以往经验的事情，还是全新的事情？”

她思索了片刻，回答：“我认为，这件事既和之前的经验有关，又彻头彻尾地是一件全新的事情。”

这个回答非常棒，我示意她详细说说。

“说它和之前的经验相关，是因为毕竟都在销售产品。因此，对产品的理解与之前的经验相关。除了这一点，其他因素几乎都是全新的。

“比如电商的销售方式是直接针对车主而非经销商，决定了电商的运营团队和公司之前销售团队的人选，管理方法都会彻底发生变化。之前我们提供的主要客户服务是给店里的导购人员提供事关产品和销售的培训，如今却要解决车主使用产品的相关问题，这也是不同的。

“所以，除了产品的特性、使用与之前的经验相关，电商的其他要素基本上是全新的。”

我很惊讶她有这个认识，毫不吝惜地对她竖起了大拇指。

“您过奖了。这是我花了3000多万元学费才学到的。”她笑了起来，笑容里有对我的赞赏、感激，更多的是对自己前期投资损失的自我揶揄。

“如果您的事业后续有了进步，3000多万元的学费不贵！”我鼓励说。

她点点头。

“目前，我们达成了统一。公司转型电商也好，数字化平台也好，其实对于我们来说，是一件全新的事情。

“也就是说，这属于再次创业，而不是在原有的基础上进行的升级。

“你能分辨其中的差别吗?”

很明显，她还没有想得这么深入，需要继续引导。

“其实，您已经发现了这两种情况的区别了，只不过没有将这些区别仔细地进行分析。

“您回忆一下，在创业的时候，在什么事情上花的时间、精力最多?”

“找人，制定分销商制度，提供导购培训服务。”

“这属于公司管理流程的建立，我这么说，您认可吗?”

“是的。的确如此。”

“是不是这些流程建立起来之后，公司的运营就顺利了，收入也增加了?”

“是的，创业的时候，什么都乱糟糟的。后来步入正轨，公司就平稳盈利了。所谓的步入正轨，就是流程制度都建立了。新老员工照着做，公司就发展起来了。”

“那么，我们可以认为要想创业成功，就必须从生意机会中，找到能满足盈利要求的内部制度和流程，不断打磨它，最后固定下来。

“这是最重要的，是不是?”

她思考了片刻，明白了我的意思，点头称是。

“既然如此，转型互联网也有这个过程。互联网改变公司基本的商业模式。通过互联网平台，我们需要建立直接针对消费者的 B2C 模式。而公司之前所有的流程、制度都是面对经销商的 B2B 模式。

“实际上没这么简单，因为 B2C 和 B2B 也可以细分为很多类型。但大体上，您可以感受到要想做好互联网转型，公司很多的制度和流程都要重建。

“您能清楚我的意思吗?”

“您这么一说，我明白了！这和选人有什么关系呢?”

“这个我们接下来一起分析。比如您现在聘用的这位负责转型的主管，他有腾讯的工作背景，是吗?”

“是的!”

“请问，他是腾讯的创始人之一，或者早期的员工吗?”

“老师，腾讯公司的创始人团队或者早期员工，如今身价都很高，我们这种小公司可聘用不起!”

“这正是我要说的。所以，我们只能去聘用那些在腾讯公司创业趋于稳定时，也就是公司内部的流程和制度都十分完善之后加入公司的人。

“这些人离职了，或者认为在互联网大厂外面自己会发展得更好，我们才有机会去聘用他们，是吗？”

问题问到这里，她已经猜到我要说什么了。

“您的意思是说，我们做这个互联转型的项目，需要的是一位能够从经营中建立流程和制度的人，而非是一个遵守制度的人？”

“恐怕是的。”

“为什么他不能将成熟的制度复制到我的公司？”

这是出现问题的下一个核心原因。因为这位管理者的思路很清晰，所以，咨询进展很快，这样我们就有时间讨论一下：为什么成熟的公司制度不能复制到一个初创的项目？

“这个问题提得好！”我鼓励她。“在他加入您的公司的时候，腾讯是不是已经做得很大了？”

“当然，那时候腾讯已经是互联网巨头了。”

“那么，当我们试图将一家巨头公司的制度用于初创项目上，会出现什么问题？”

“杀鸡用了牛刀！”

“是的。腾讯创业的过程中，内部的流程制度一直是变化的。虽然核心是具有互联网思维的，但制度会随着外部环境，包括商业和技术环境的变化而调整。

“等到熟悉腾讯制度的人来到我们的公司，他脑子是已经调整的相对完善的流程制度，维持这种相对完善的流程制度需要的资源投入，是小公司不能承担的。

“腾讯为了维持稳定的经营，获得持续增长的收入，必须确保自己的流程和制度十分完善，分工明确，但要承担极高的运营成本。

“我记得您提到过，这位被公司挖来的人才向股东提及，自己在腾讯的时候，每个季度的市场推广费用预算就高达500万美金。

“腾讯支付这个费用是很容易的。对我们来说，既没有必要给出这样的预算，也很难承担它。

“所以，才会出现您描述的状况，杀鸡用了牛刀，不适用，却昂贵！”

她很快理解了我的想法，不住地点头称是。

“我们需要的是创新型人才，找来的却是守成型人才。他一定是个人才，但仅限于在完善的流程制度构建的企业平台上，才能贡献自己的价值。

“而我们需要的人是能够从零开始打造和建设这个平台。”

说到这里，她终于知道为什么挖来巨头公司的人才，在自己的项目上不能发挥出能力。其结果就是，公司觉得这位人才水平不行，而人才反过来认为公司股东的格局不够。

“那我们要找什么样的人?”

“我们需要的是一位年轻的创业者，熟悉互联网，对新的商业模式有想法，同时有很好的创业思路。只有这样的人，才有能力去开创新的事业。

“这就好比文臣和武将。武将负责打江山，打下来的城池交给文臣守住和治理一样。”

“我明白了!”她肯定地说。

【后续进展】

咨询服务之后，我答应帮她物色新的人员来负责公司的互联网转型项目。经过三个多月的筛选和面试，我们找到了一位优秀的有创业能力的人才。

他只用了不到1000万元的投入，就将公司的电商做得有声有色，公司实现了互联网转型项目的初步成功。

【管理提示】

(1) **任何变革，其实都是重新创业**。管理者一定要明确这一点。虽然相比草创公司，发动变革的企业可能会在资金、商誉等相关资源的投入上丰沛一些，但对于重新打造战略变革的核心竞争力来说，资源的投入仅仅是一个环节。

全新的核心竞争力，必须要以全新的内部管理流程和制度的建立为基础，这点毋庸置疑。

（2）由具有相关公司工作经验的人来操刀企业的战略变革项目，很有可能是一个昂贵的误会。

相关工作经验，很可能仅仅让一个人熟悉成熟公司的完善流程和制度，却并不知道流程为什么会这样，制度为什么是那样建立起来的。

具有相关工作经验的人，如果只会复制成熟公司的流程和制度，可能会给战略变革带来昂贵的成本。

（3）变革项目需要的是具有创业精神的人带头。具有创业精神的人，往往并不熟悉新事物。因为他具有超高的学习力和思考力，更有不满足现状的思辨思维。所以，这类人往往能够快速熟悉新事物，找到更本质的规则和流程，而且他们更有意愿开创新的事业。①

【咨询提示】

（1）思维逻辑清晰的客户可以很快找到解决问题的关键点，面对这样的客户，咨询顾问一定要保证自己的咨询意见也是逻辑清晰的。

（2）遇到有失败经历的客户，一定要多多给予肯定。因此，我花了相当长的时间让她阐述自己的优势，最终发现她有很强的思维能力。

鼓励才能让人产生信心继续探索，坚持变革。信心是行为的原动力，有了信心，客户才会采取行动，咨询方案才能真正落地。

（3）咨询顾问要对自己提供的服务有清晰的边界感。边界感意味着当客户不断地提出新问题时，你要尽可能委婉地表达自己服务的局限性。对客户来说，多提问题可能会降低成本，但优秀的顾问心知肚明，一次简单的咨询不可能解决企业面临的复杂问题。

“复杂的问题，没有简单的解决方案。”遇到不断提问，对某个问题却不求甚解的客户，你可以用这句话提醒他，你的服务是有边界的。

---

① 为了解决企业寻找人才的难题，我专门出版了《高潜牛人：找到你的事业合伙人》来阐述相关问题。书中对创新型人才和守成型人才的区别有详细的介绍，有需要的读者可以阅读。

第二篇

商业模式:构建利益相关者的交易结构

商业模式被研究学者定义成：利益相关者的交易结构。在以互联网为代表的数字经济时代，企业的利益相关者众多。特别是采用生态战略和平台战略的企业，其利益相关者的身份界限具有相当的模糊性。

在这样复杂的情况下，商业模式的演变逐渐复杂起来。因此，为了给自己的企业寻找良好的商业模式，管理者孜孜以求，希望尽可能地充分调动所有利益相关者对公司的热情和参与公司经营的积极性。

只有一套商业模式尽可能多地囊括重要的利益相关者，为他们设计相关的交易结构，实现共赢，才能让公司获得巨大的发展。

通过阅读和分析这部分的实际咨询案例，相信你可以更深入地理解商业模式的设计对企业发展的重要性。

一、满口国学的老板，要带领公司数字化转型

一家从事留学中介服务的公司，受到了互联网的巨大冲击。

留学服务，是指为有出国留学需求的人，选择报考相关的学校，为他们提供咨询服务、代办服务，以及接待和安排入学。从学校的选择到申请材料填写，以及申请者的资质打造，留学服务市场是一个显著的依赖信息不对称而获得盈利的领域。

互联网的出现，特别是移动互联网的出现，打破了这种信息不对称。网上出现了相关的微信群甚至App，服务的提供方和需求方在网上相遇。所在学校的在读学生，就可以为想要去该学校的留学人员提供相应的服务。

沟通的便利性让信息快速流通，同时，打破了留学服务机构的价值主张。

面对这种情况，这家依赖线下面对面交流的留学中介服务公司，产生了巨大的转型压力。

◇喜欢国学的老板

出乎意料的是，这家专门从事留学中介服务公司的管理者，竟然对国学颇感兴趣。在我们见面时他提出的第一个问题，让我发现了这一点。

“董老师，您觉得这来势汹汹的互联网变革，是否可以用《易经》来分析？”

“这个问题有意思，您能具体说说为什么会这么想吗？”我问道。

“易理的一个主张便是拥抱变化。任何事都会发生变化，比如我的公司，做了 17 年了，一直处于行业里比较领先的位置，但如今却被新的变化困扰，其核心原因就是我们没有积极地拥抱变化。

“我们曾经以为自己一直会处于巅峰的发展状态。虽然时刻警惕同行业的竞争对手对我们发起冲击，却从未考虑到会因为一项不了解的信息和通信技术，让我们陷入困境。

“既然凡事都是变化的，我觉得遇到困难也无须害怕，因为困境也会变，柳暗花明又一村!”

说到这里，他笑了起来。

“所以，您来这里是希望寻求一些改变之道?”虽然我对易理所知不深，但对他的这段话，还是深有感触的。

“是的。我已经不算未雨绸缪了。之前，公司就有年轻人提起过互联网会对我们造成一定的冲击。但因为管理层都是人文学科出身，对信息和通信领域的理解不深入，因此将这些有价值的内容忽视了。

“我是看到您的介绍，理工科出身，因此才来和您见面的。在谈具体的公司事务之前，我想先问问，您觉得人文学科和理工科之间，有什么显著的区别和联系?”

在咨询的过程中，作为顾问，很多时候会被客户问到一些毫无准备的问题。比如这个客户，在事先填写的轻咨询调查表上，关于“咨询目的”这一栏里，填写的是寻求公司的商业模型和互联网转型。见面时，却问出一个宏大的问题。

人文学科和理工科之间的区别和联系，这样的问题足以写一篇复杂的论文，或者需要数本书来讨论，岂能在区区 2 个小时的轻咨询中解决?

客户当然知道这类问题没有简单的答案，但他为什么要在时间特别紧张的轻咨询中提出来呢？我认为有以下几个原因：

其一，客户提出类似的大问题，实际上是寻求参与咨询的心理上的平衡。参与咨询意味着求助，而自尊心很强的人，认为求助是示弱的表现。这样的人会利用一些大问题试图难住咨询顾问，寻求心理上的平衡。

其二，杜绝信口开河。企业管理者希望用一些很难回答的问题，显示自己的水平，以此打消咨询顾问信口开河的想法。

其三，寻求价值观的匹配。“先做人，后做事”是很多中国管理者的信条。因此，在遇到咨询顾问时，他们先用一些大问题投石问路，以便寻求对咨询顾问价值观的理解，看看是否与自己的价值观、企业价值观匹配。

其四，对战略的误解。认为战略咨询往往是坐而论道，希望获得顾问在“道”上的认同，再去讨论具体“术”的层面的问题。

因此，在实际的咨询工作中，我常常遇到一些上来就抛出世界观、人生观、价值观，或者与天地万物之法相关的“大问题”的客户。

很多具有儒商气质的企业管理者，对悠久的历史文化有深刻的了解，非常了不起。但从另一个层面上看，这也造成了他们对新环境和新变革的不敏感。

作为咨询顾问，你可以回避这些看似与咨询主题不相关的问题，但也要为回避类似的问题做好付出代价的准备。代价往往是，无论后面你说什么，客户都听不进去了。

这会大大降低咨询服务的价值。

◇定量与定性的关系

我知道这种问题不能回避，于是简要地回答说：“您的问题是一个高屋建瓴的问题。但人文学科和理工科的区别与联系很复杂，坦白说，目前我未必能给出特别系统的分析。

“不过，我认为人文学科更倾向定性的分析；而理工科，或者说自然科学，更倾向定量的分析。

“不知道您怎么看待这个问题？”

他思索片刻，反问：“这是不是意味着要分析清楚一件事，定性和定量的分析都需要?”

“没错，我也这么认为。”

听我这么回答，他放松了。我知道，我的回答获得了他的认可，或者打消了他的顾虑。

“我们就拿您今天过来咨询的互联网转型的商业模式来说，对新的商业模式就需要定性和定量两种分析来确定。

“信息和数字技术的优势在于定量分析，而商业模式的交易结构设计，需要衡量不同利益相关者能否对整个交易贡献价值。如果一个相关者不能对整个交易贡献价值，那么他就不是这套商业模式的利益相关者了。

“那就更加没必要用定量的方法来分析他了。”

“我举个例子，我们公司是从事留学中介服务的。那么，一个根本不想留学的人，无论我们采取何种商业模式，他也很难跟公司产生关系。

“因此，我们就不需要用定量分析的方法来分析他了。

“反过来，如果一个人既想出去留学，又考虑其毕业之后是否留在国外，这类人就值得我们来定量分析。至少，我们可以分析这类客户在留学中介服务、海外房地产投资两个方面的需求产生的价值。”

“我明白了。定性分析可以作为定量分析的前提，如果定性分析排除了，就没必要对其进行定量分析了。”

“是的，不过定量分析对定性分析也有作用。”我提示了一句，还是留给对方思考。我要遵守咨询顾问的第一准则：自己说了什么不重要，对方能听到什么才是最重要的。

“您是说，从定量分析里面发现定性的要素?”

“是的，互联网的商业模式设计，很多情况下就是通过对精准数字的分析测量，做出定性的决策。”

虽然我们的话题起自人文科学和自然科学的差别与联系，但最终的落脚点还是互联网转型的商业模式设计。

这样聊天仿佛是兜了一圈，但为了让企业管理者能够进行自我分析，引导他寻找答案，兜了一圈还是有必要的。

听完我的话，他若有所思，沉默了一阵子。看得出，他在积极地思考。

“我明白了，您的意思是，通过对互联网上的相关数据，比如消费者的消费数据分析，我们就能知道消费者的潜在需求，从而满足相关的需求。这就像刚刚您说到的，留学中介服务背后，很可能有海外房地产投资的需求。”

“没错，这就是数据决策的精髓。本来我们不做海外地产的生意，专注做留学中介，但如果通过数据统计发现，有很大比例的留学生毕业之后想要留在目的地国家。同时，这部分人中有一部分在海外置业。

“通过这些相关数据，我们就可以知道，海外地产业务适不适合我们公司，还可以知道我们拓展新业务采取哪种商业模式。比如我们可以招海外地产的广告商，提供精准的广告渠道，也可以做海外地产的中介，甚至投资开发。

“这些都会给我们的经营带来新的、稳健的增长点。这些增长点能不能抓，以何种商业模式做，是定性的决策。真正开始做了之后，又会产生新的数据，供我们定量分析。”

“此外，就算是对互联网的理解，我们也可以做一些定性的考量。互联网技术本身是通信的一个分支，纯理工科，基于半导体、计算机等自然科学的发展。但互联网给商业和社会带来的影响，对环境的改变，则必须用人文学科的视角来理解。

“互联网、移动互联网、5G 物联网等，这些新兴技术给商业带来的影响，可以用四个词来总结：连接、沟通、协同、共享。”

“连接、沟通、协同、共享。”他重复道，“有意思，颇有点大道至简的味道。”他笑容满面，真正地放松了。这是他熟悉的语言，用这种语言足以帮他应对高冷的通信技术。

“网络通过连接计算机，实际上是连接了计算机背后的人，同时连接在一起的人产生了信息的沟通，这些信息包括需求信息、供应信息及如今的位置信息等；通过信息的充分沟通，人们协同起来，一起做一些事情。这就是您公司主要业务的竞争对手，也就是那些海外高校在读生做的事情。之后，人们将协同工作所带来的全部或者部分成果拿出来共享。

“共享之后，这些成果会吸引和连接更多的人，产生更多的沟通和协同，带来更多的成果或者质量更高的成果，然后分享它们。

“如此循环往复，就塑造了互联网时代。将被连接的要素由人扩展到物，就将塑造物联网时代。”

说完这些，我暂停了谈话，给对方充分的思考时间。

他拿出笔，在自己的本子上写下了“连接、沟通、协同、共享”八个大字，并画了一个循环的闭环图案。

◇积极拥抱变化

“这就意味着我们必须要转型，因为我们阻止不了人们在网上连接、沟通、协同和共享。”他自言自语道。

“互联网技术和未来的通信相关的技术，加快了这一循环的速度，使它的效率大大提高。我认为，没有人能阻止这一变化的发生。

“但是我们为什么要阻止呢？既然阻止不了，为什么不能加入他们，甚至帮助他们呢?”

他看着我，若有所思地说：“对啊，我们可以帮助他们，为他们提供一个沟通平台，嫁接相关的服务。例如法律服务、签证服务，所有在读大学生不专业的，我们都可以帮忙，然后收取一定的管理费用!”

“再通过平台上产生的流量，开拓其他业务!”我补充道。

“太棒了！这个想法，想想都会兴奋！不过，要实现这样的想法，还需要一些具体的设定吧?”他已经有了立即行动的冲动。

“没错，这是下一步要做的事情。接下来，我建议考虑另一个定性的问题——承担变革任务的团队该怎么组建。”

“您说得对！这件事情，我们公司最初的原始股东是做不了的。”

他这么说，让我想起了他在咨询前填的信息调查表里的内容。这些内容指明了他们已经在互联网转型这条路上进行了多番尝试，一直都没有取得好的成效。

几乎所有的股东都达成了一致，公司业务如今受到的冲击太大了，因此必须实现转型升级。否则，这个业务就做不下去了。一方面，随着海外留学的人越来越多，留学这件事没有那么神秘了；另一方面，很多海外在读的大学生利用自己的手机做起了“留学顾问”。

咨询表里，他给出的屡屡失败的原因是：无法组建对互联网深入理解的团队，而公司现有的管理团队对互联网十分陌生。

这次轻咨询除了要提升他对互联网时代商业模式设计的思维模式，还要帮他梳理清楚，转型团队的管理者需要具备什么素质。

◇追求大概率的成功

“通过前面关于人文科学及自然科学，也就是理工科的讨论，还有定性和定量分析的谈话，您对转型团队管理者的素质有什么新的想法吗?”

“有的，这次谈话让我明白了，在面对一个新事物的时候，要学会用人文和自然科学两种思维方式来理解。我喜欢国学，我觉得在定性研究领域里，国学几乎涵盖了所有方面。

“在定量研究上，我们需要的是一位有理工科背景，同时又对定性分析感兴趣的转型带头人。”

“非常有道理！您完全可以将这个标准交给公司的人力资源部门，让他们帮您将其分解成具体的招聘需求信息。

“不过，这类人恐怕不好找。”

“是的！优秀的人才总是难得的！老师，您有什么建议?”

“如果短时间内找不到最合适的人，可以先招聘一位对互联网有深刻理解的理工科人才。这样的人选比较多。

“同时，公司可以考察其学习能力。如果候选人学习能力强，公司完全可以利用现有的国学氛围，培养他的人文思维。

“我认为，一个人具有一定的阅历，一定会对人文思维感兴趣的。

“毕竟每个人都要生活在社会里，生活在中国文化中。”

“您这么一说，让我更有信心启动此事了。我们积累的经验和人文方面的思维，在转型时期也能起到作用。”

“我这么建议，其实是因为任何转型项目，都会有一个被我命名为‘大概率成功窗口期’的限制。这个概念您愿意了解一下吗?”

“非常愿意!”

“首先，我们要承认，成功是一个概率问题，做任何事都没有100%成功的。我们总是会遇到各种各样的挫折，并且要调整自己，追求大概率的成功。业界有个不成文的说法，任何成功的商业模式都不是当初它被设计出来的样子。

“也就是说，设计商业模式只是为我们接下来要做的事情寻找一个范围和粗略的结构。之后，我们先在这个范围里迈出第一步，然后不断审视我们的设计，调整它以期最终产生符合实际情况的商业模式。

“您可能听说过，在创办阿里巴巴之前，马云创业项目的第一个商业模式是网上大黄页。随着工作的深入，几经演变最终成了阿里巴巴B2B和淘宝。后来，在这个基础上又有了支付宝、菜鸟。

“简单来说，商业模式要能迭代，这样才能提高成功的概率。

“既然成功是一个概率问题，那么就会有概率大小。我认为，对于互联网转型这件事来说，先发优势还是很重要的。比如有人说在电商零售领域里再做出一家公司来颠覆阿里巴巴，我认为几乎是不可能的。互联网提高了商业模式运行的效率，谁的效率高，资源就会到谁那里。

“您应该听说过马太效应。”

“强者恒强!”他说道。

“是的。既然如此，转型的时间点和速度，成了影响成功概率的重要因素。也就是说，在您公司所在的领域内，如果还没有其他强势的互联网平台，做这样的平台取得成功的概率就会大一些。相反，如果我们没有快速行动，把先机让给了竞争对手，可能就会降低成功的概率。

“这个时间是有最长的窗口期的，我称为大概率成功窗口期。”

“所以，您的意思是我们想通了就不要等，要先开始，然后一边干一边调整？”

“正是如此！”

“我十分同意您的说法！”他肯定地回答。

【后续进展】

轻咨询服务结束后，我被邀请到他的公司做了详细的转型调研，并根据对公司员工、客户及合作伙伴的会议，我们一起找到了很多不错的商业模式创新思路。

我将这些新思路整理成商业模式创新设计报告，提交给了企业管理者。最终，他们按照这份报告的建议，结合公司的情况选择了相应的商业模式方案，并积极投入实施，取得了不错的成绩。

【管理提示】

（1）企业管理者对新生事物的了解，尽量不要，也没有必要涉及技术层面。一来我们无法掌握所有的相关技术；二来商业的运营未必需要以了解技术本身为基础。

管理者只需要认真理解某项新技术会给商业行为带来什么影响，会产生什么后果，产生各种后果的可能性有多大，以及这些改变是否能满足客户的潜在需求。

这些问题才是企业管理者面临激烈技术变革时要认真思考的。技术本身的问题，可以由精细的社会分工来解决。

（2）企业管理者也必须学习并掌握一些人文思维。

企业文化、领导力、愿景、使命、价值观和员工激励乃至客户需求分析，都脱胎于深刻的人文思维。

毕竟我们生活在社会文化中，商业必然会受到人文环境的影响。这一点不容忽视，就算是大型技术变革项目，比如智慧城市的设计和实施，也必须考虑城市的人文建设。

如果一项技术的使用不能满足人们的需求，那么怎么会有人为它买单呢？商业中的技术应用，尤其要考虑人文要素。

（3）企业管理者应该掌握定量分析的基本思维。

定性和定量分析，是商业决策者必须具备的两种思维技能。管理者要特别注意定量和定性两种分析方法之间的相互作用及关系。

（4）在互联网和未来的数字商业时代，大概率成功时间窗口期这个概念，对企业管理者十分重要。

【咨询提示】

（1）客户从自己的出发点来参与咨询的过程中，难免会提一些让咨询顾问感觉到离题千里的问题。没有经验的顾问会忽视这些问题，转而要求客户谈回所谓的“正题”。

这样做表面上看节省了时间，提高了咨询的效率，但是并没有让咨询对客户产生影响，最终导致顾问提供的咨询服务毫无效果。

没有效果的效率，是最大的浪费。

相反，有经验的顾问必须知道，一旦客户离题千里，实际上是给顾问一次在心理上跟他无限接近的机会。

（2）在几乎所有的寻求商业模式设计咨询的客户中，对变革的恐惧是顾问要面对的第一个难题。

商业模式的改变绝非是小的改变，而是极大的、系统性的变化。从商业模式、盈利模式到团队和人才选择，以及利益相关者的重新界定，都要发生变化。客户公司可能要付出巨大的努力，投入很多资源才能取得实实在在的成功。

客户心怀恐惧，是非常正常的反应。

（3）当客户对自己要做的事情特别陌生的时候，咨询顾问应该提供足够多的信息，并在提供这些信息时，尽量采取客户的语言体系而非自己的语言体系，让客户对新事物有初步的理解。

满嘴专业术语和新名词的咨询顾问，很少会是一个能让客户真正采取行动的顾问。

二、服装厂开了二十年，我还能转型吗

一家传统服装加工企业，因近年来人才流失严重，希望聘请顾问来为公司做股权激励方案。然而，通过轻咨询，我了解了公司更多的信息后发现，公司的问题并不是一份简单的股权激励方案能解决的。

公司真正需要的是战略和商业模式的升级。否则，股权激励会因为公司估值难以增长，而变成一纸空谈。

◇人才匮乏的传统行业

两位女士专程从嘉兴来到深圳，就为寻求一份合适的股权激励方案。

“董老师，我们的困难在于人才流失。公司是给欧美大型女装品牌做代加工，位于嘉兴。近年来，年轻人都通过读大学进入杭州、上海等城市，因此企业在本地很难找到合适的人才。

“此外，本地的经济发展不错，年轻人家庭条件较好，很少有特别努力工作的人。他们工作好像单纯是为了找件事情做，而不是为了升职、加薪，工作动力很弱。

“明年我准备退休了，将企业交给年轻人来操作。所以，特别需要寻找一份有效的股权激励方案。”这位略微年长的董事长说道。她身边是一位年轻漂亮的总经理。

“您也这么看吗?”我问这位总经理。

“是的，老板说得没错。大家工作都懒洋洋的，连最基础的事情都拖沓，完全没有效率。

“我补充一点，除了目前在公司上班的人，我们很难找到优秀的人才。一方面，我们这个行业利润微薄，给不起互联网公司、科技公司那种薪资；另一方面，嘉兴太安逸了，年轻人没有奋斗的欲望。”

“为什么不考虑将企业放在杭州这样的城市呢?”我问道。

“我们是生产加工型企业，如果将公司迁往杭州，成本很高。”总经理肯定地说。

事实上，我知道很多规模较大的服装生产公司会将销售和管理办公室放在诸如上海这类超级大城市，将生产部门放在其他低成本地区。

这样配置企业有诸多好处。一是可以解决人才的问题；二是对拓展海外客户有好处。海外，特别是发达国家的商人，更适应上海、杭州等大城市。同时，他们也知道，一家公司如果将自己的管理总部置于上海，可以证明这家公司有比较大的规模。

当你做出一些不可撤销的投资时，其实相当于管理者和企业对客户做出了战略承诺。暗示客户相信你是下定决心要扩大经营规模，重视自己的产品品质的。

显然，这两位管理者都对我的建议持否定态度。那么，是不是还有隐情存在？我相信在这一行业里经营多年的管理者，不可能不知道将公司管理总部配置在大城市的好处。她们只需要看看那些领先的同行的做法就知道了。

◇解决方案是错误的

“既然公司不能将管理总部迁到较大的城市，我们就要想办法调动公司现有人员的积极性。所以，二位想到在公司实施股权激励方案，是吗?”

“是的!”

“二位是根据什么事实确定一份优秀的股权激励方案能有效地激励现有人员?”

“具体的事实证据，我们没有。我们上了很多企业管理的培训课程，几乎每位老师和教练都是这么说的。所以，我们决定尝试一下。”董事长回答得很坦诚。

从她的回答中，我发现公司的管理者似乎并没有正确地理解股权激励的作用，也没有深入分析，一家企业在什么情况下，才需要采取股权这种激励方式。

我决定，先让她们搞明白这个问题。

“我先说下股权激励到底是怎么回事儿。然后，我们再看看当下公司是不是要做一份股权激励方案及怎么来做这份方案。

“因为时间的关系，我们只能大概说一下这件事的逻辑框架、思考思路。”

“所谓股权激励，一般是指公司的管理者将股权以某种方案分配给公司的核心或者全体员工。分配方式多种多样，但一般会以直接给股权，或者按照期权的方式来分配。当然，股权又分为只有分红权还是具有决策权两种主要形式。

“期权则是按照公司目前的股份估值定一个价格，作为员工以后购买公司股票的价格。同时，期权方案会限制员工购买股份的比例、购买的时间及卖出的时间。

“一般来说，期权方案里会有一套考核指标。也就是说，当员工在一定时间里，比如2～3年，做到他与公司约定的工作，考核达标。公司就要允许他以当初约定的股份价格来购买约定比例的股权，并享受股权对应的分红权。

“要采取期权这种激励方式时，有两个前提条件：第一，能对公司当前的股份价值做出估值。第二，要确保员工按照考核体系完成工作后，未来2～3年，公司的股份价值能够攀升。

“否则，没人会在约定的时间到期时，真的拿钱出来购买公司的股份。

“对于某些战略和商业模式清晰的公司来说，期权的激励方式是最好的。比如一家科技公司或者互联网公司，有着明确的上市预期，如果员工在早期获得了期权协议，就可以用很低的价格购买公司的股票。

“一旦公司上市，这些股票的价值就是巨大的，因此激励的力度很大。

“相反，如果公司没有清晰的战略和商业模式，或者员工不认同管理层给出的发展预期和目标，那么期权激励是无法起到真正的激励作用的。”

说到这里，我停了下来，让她们消化一下上述内容，然后问她们是否有问题，确保她们搞明白上述内容。

“如果我们直接给员工股权呢?”

“直接给股权，也分为很多种情况。但大致要看您想给出的股权是用于给员工分红，还是希望员工对公司的发展做出决策。股权里有分红权和决策权。

“一旦公司的核心员工拿到了带有决策权的股份且持有一定的比例，他们在法律上就有参与公司重要决策的投票权，甚至主导权。这种情况下，要员工按照股权价值投资入股公司。

“如果仅仅是分红权，叫作虚拟股权。这种分配不需要员工按照公司股份价值出资，仅按照相关比例对公司的利润对持股人分红。

“这样不如干脆制定一个分红协议，不必实施股权激励。

“被广泛使用的股权激励方案还是以期权的方式来实施的。期权激励，合理合规合法。

“显然，公司需要拿出一个发展战略规划或者一个创新的商业模式，确保公司的股份价值能够增值。

“现在，公司有什么新的规划吗?”

她们沉默了一阵，互相看看对方，显然没有想到股权激励需要有一定的基础。

“如果没有新的规划，股权激励很难有效开展。现在，我们一起分析一下，公司的战略和商业模式是否有机会升级，好吗?”

“好的，我们来谈谈这个问题!”董事长有些兴奋。我建议先休息一下，10 分钟之后，我们谈商业模式的问题。

◇发现新的需求

在实际的咨询工作中，经常会遇到这家企业遇到的情况。管理者一开始提出的问题并非公司当下有能力去解决、有需要去解决的。问题往往会在咨询过程中转化为更基本、更本质的问题。

因此，实际的咨询工作对顾问的要求很高，优秀的顾问需要是一个通才。这意味着他不但要分辨出问题到底出在哪里，而且要对相关问题归因，并在更基本的层面上找出问题的解决办法。

与此相反，如果是一个“专家版”的顾问，遇到这样的客户，要么硬着头皮完成一个并不能起到激励作用的股权分配方案，要么干脆告诉客户公司目前的情况不适合做股权激励方案。

通才，更有机会帮助企业找出问题的真正所在。找对了问题，再寻找解决方案就容易得多。

10 分钟后，我们又坐下来，咨询工作才算正式导向企业真正的问题。

如果要帮助企业重新梳理商业模式，势必要先了解公司现有的利益相关者角色和交易结构。

我问客户：“公司目前的客户是什么样的角色？”

“我们的客户是加拿大、美国的一些服装品牌或者连锁服装店。客户提供所需的衣服版型，我们负责批量生产。最近，我们也尝试开始推出一些属于自己的版型服装，销售给客户。

“毕竟我们在行业里积累了很多经验，推出的新版型，虽然没有大牌服装设计师那样备受瞩目，但也获得了青睐。”

“也就是说，我们的客户其实是海外的服装零售商。”

“是的。”

“我们的供应商又是？”

“布料商、纽扣、蕾丝及有闲置产能的工厂，这些都是我们的供应商。

“一旦我们确定了批量生产的技术指标，自己工厂的产能不够，也可以寻找第三方的闲置工厂来加工。”

“目前公司获取订单的最大障碍是什么？”

“主要是批量不匹配的问题。客户希望能够小批量多款式交货，但我们的生产线更适合大批量少款式的生产。

“这个问题是制造业的共性问题，除了升级产线，别无他法。”

“说白了，是不是客户主要担心库存问题？”

“是的，您一下子就说到了重点。我们的客户是服装销售商。对客户的利润影响最大的就是库存问题。

“服装行业的成本价格差还是有空间的，一般都是数倍。这么高的利润空间，就是为了对冲库存造成的损失。结果，对冲下来，整体的利润空间就很低了。”

稍微有点服装行业企业服务经验的人都清楚，库存是服装品牌商和零售商最头疼的问题。鞋子、箱包等品类，都有同样的问题。库存大量积压，严重影响品牌商的利润。

“那么，作为生产商，我们没有考虑过客户的库存问题，是吗？”

“这个我们没法考虑。”年轻的总经理条件反射一般地回答。

“我们的利润很微薄。毛利仅有3%，基本上3%也就是覆盖了公司的运营成本，利润来自国家的出口退税。

“而客户的库存量很大，我们一点办法也没有。”

董事长对她的话也表示同意。

了解这些情况之后，我心里有了几个大致的方案。不过，在说出自己的方案之前，我需要先听听对方的意见。

“情况我大概了解了，就像前面我们一起得出的结论那样，如果公司要寻找新的增长点，势必要先解决发展战略和商业模式的问题。

“关于这点，我们已经达成了共识？”

对方点点头。

“那么，如果让二位来思考新的战略方向、新的商业模式，你们会有什么样的想法呢?”

“刚刚在休息的时候，我们就讨论了这个问题。商业模式设计我们不在行，不过，要说公司的战略方向，我们觉得要是有希望自己做品牌，公司可能会发展得更好。”

这一答案并没有太大的惊喜。加工厂类型的企业，要想在整条产业价值链中上移，就要开发自己的品牌。他们对自己在产业价值链中所处的位置上微薄的利润，非常痛恨。

在他们眼中，品牌商的利润丰厚，否则品牌商怎么会有那么多的钱让自己的广告铺天盖地呢?

实际上，就像她们说的，品牌商往往承受巨大的库存成本压力。零售行业的竞争，目前基本上是供应链效率的竞争。就算是产品，你也可以将其视为供应链终点上的一个要素。

优质的、性价比高的产品会变成商品，被消费者买走，为公司带来利润。反过来，一些较差的产品则会变成库存。

供应链效率要想提高，当然包括设计并制造性价比高的产品了。

“还有没有其他的可能?”

她们思考了一会儿，摇了摇头。

◇商业模式创新

“我提供几个思路，看看是否有可能实现?”

“我提供三个方案，实现的难度分别为高、中、低。当然，越困难的越有价值。

“因为难度对任何人来说都是一样的，所以，我们觉得困难的事情，后面的竞争者和模仿者也会觉得很难。因此，一旦事情进展顺利，公司将有很高的竞争壁垒。”

“首先说最难的，那就是我们直接以品牌商的身份进入同一市场。

“这意味着我们要和现在的客户竞争。之所以称之为最难的，就在于此。我们和现在的客户直接竞争，先不说竞争的结果如何，一旦这么做，公司就会没有订单。

“如果事后，我们的品牌运作失败了，那么公司就必须放弃这个市场。

“所以，我建议就算一定要做自己的品牌，也要避开客户的主要市场，从一些同质的边缘市场开始做起。

“但这件事很难。运作服装品牌非常难，影响成败的因素非常多，投入也大。

“一旦公司决定这么做，假如能取得成绩，股份的升值将是巨大的。因此，一个期权方案就会变得非常有激励性。

“这也是巨大的挑战，有挑战的事情才会吸引优秀的人才。”

我停了停，给对方一点时间消化。不多时，两位女士表示理解了我的意思，示意我继续说。

“当然，就算是做品牌，在销售渠道选择上也有很多办法。比如我们可以组建跨境电商团队，或者进驻目标市场的电商。这意味着我们将失去现有客户的订单。

“难度适中一点，就是帮助现有客户一起实施电商销售模式。

“比如我们组建团队做电商，然后将订单按照客户下单地址分配给零售商。

“零售商在我们这里订货是批发价，分给他们的订单是按照零售价销售的。这里就有了一定的利润，我们可以和客户一起按照某种比例分享这部分利润，用于维持电商团队。当然，也可以将这些利润完全交给客户，以便让他们更有积极性来配合我们。

“在这样的商业模式下，相当于我们将客户当成合作伙伴，改变了客户这一最大的利益相关者的性质。客户可能会配合我们，比如在店里推荐我们的产品，让到店的客户关注我们的线上零售店。

“这个线上零售店，可以是我们自己开发的网上商城，也可以是亚马逊的店铺。我建议在亚马逊开店，更容易。

“这套商业模式中有一个基本假设，就是美国的线下零售店也和中国一样，在经历电子商务的挑战。

“真相很容易获得。据我所知，服装类目基本上是全球电商最大的类目，全球都一样。

“这就会对线下店铺产生极大的冲击。

“这种模式因为把现有的客户当成合作者，大家互相帮助。我们公司会持续获得来自老客户不断增长的订单，相当于投入低、风险小。

“加入电商环节，公司的收入增长还是会有一个井喷式的发展。稍后，我们可以一起深入分析为什么会如此。

“这是中等难度的变化。其难度在于我们要找到优秀的电商运营团队。

“那么，最简单的办法呢?

“我认为，想办法帮助客户解决库存，以这样的方式来调整利益相关者之间的关系，交易结构也发生了变化。”

说到这里，对面的两位女士瞪大了眼睛，她们似乎从没想过把库存这个大麻烦揽到自己的身上。

“我相信两位都知道唯品会吧?”

“您的意思是我们做一个美国版的唯品会?”总经理问道。

“如果公司有这个能力，当然可以。不过，我的建议不是这样的。”

“我们关注一下唯品会商业模式的核心要素：低价的高品质库存。

“我们的客户也有库存。但客户 A 的库存，可能是客户 B 需要的。同样，客户 B 的库存，A 可能感兴趣，C 也可能感兴趣。

“只不过，这些服装零售商中间，没有人来协调这些库存。

“如果我们能把这么多年积累的不同客户信息汇总一下，投入一个小小的沟通团队，帮助客户消化掉一小部分的库存。

“那么，我相信公司的客户不会不成为我们的铁杆客户。

“要实施这个办法，只需要对实际情况做一下调研，看看上述关于库存的假设是否真实。如果是真实的，那么这个模式是可以的。

“不过，我们可能还要投入一个更改品牌标签的二次服务。由于客户处理库存时的价格很低，公司也可以获得一定的利润覆盖掉成本。

“我认为，如果这个商业模式可行，是最简单、最容易实施的，也能以最快的速度给公司带来改善。

“公司一有改善，员工就会觉得有奔头，备受鼓舞。但这种方式的缺点也很明显，一旦我们取得成功，很快就会被竞争对手模仿。到时候，我们还需要找其他办法获得持久的竞争力。”

两位女士的表情已经告诉我，她们对这套方案最感兴趣，甚至很激动。她们忍住不打断我，让我说完。

等我示意她们可以发表意见时，董事长激动地说：“老师，您说的最后一个方法，极有可能给公司带来变化！”

总经理也赞同这个表述。

实际上，我觉得公司只有采取中等难度的那套方案，才会获得更持久的竞争优势。不过，她们对自己的企业更了解，认为第三个方案最有把握实现，也未尝不可。

商业模式是可以随着竞争环境迭代的。

【后续进展】

不知道是什么原因，轻咨询结束后，这家公司的管理者似乎并没有采取任何改变商业模式的行动。

事后，我有机会再次接触到那位年轻的总经理。她道出了实情。其实，她的兴趣并不在公司管理上，相比承担总经理的职务和责任，她更愿意成为一个简单的业务人员。

同时，公司的董事长必须花相当多的时间办理移民手续，很难亲自管理公司。

这个咨询案给我最大的提示就是：没人领导，变革肯定不会自动发生。

【管理提示】

（1）管理者往往会因为只关注表面现象而找错问题。而找对问题是解决问题的关键，建议管理者不要在找对问题这件事上花费精力和时间。

（2）商业模式的定义是利益相关者的交易结构。当一家公司在创新商业模式时遇到困难，十有八九是因为没有认真考虑过利益相关者的利益。

如果我们能多考虑一下客户、供应商等利益相关者的收益，就很容易发现创新商业模式的机会。

（3）管理者应该多了解一些商业模式相关的知识，这样就可以在决策时，参考更本质的商业规律。

【咨询提示】

（1）董事长和总经理一起参加的咨询，往往会造成一些有意或无意的信息隐匿。

案例中，董事长在咨询现场，总经理自然不会提出自己对管理工作毫无兴趣。

但这个关键信息的缺失，影响了咨询效果。

（2）优秀的咨询顾问，不是上来就为客户的问题提供答案的，他首先要和客户一起，找出正确的问题。

（3）战略顾问必须是博才，这个毋庸置疑。博才意味着要求战略顾问要有多种战略分析工具，要了解影响战略落地的各种相关因素，企业中不同角色的行动动机、企业组织结构对战略落地的影响等要素。

因此，优秀的战略管理者和战略顾问，永远都是稀缺的、有价值的。

三、销售额10亿元的跨境电商公司想做100亿元

一家通过“店群”模式，在短短7年就在跨境零售电商平台上做到超过10亿元销售额的公司，管理者却说自己已经落后了。

只有做出销售额百亿级的企业，才能让他感到自己的抱负得以展现。

这位“90后”创业者，用自己的实际行动说明了什么叫作“有志不在年高”。

让人备受打击的是，他做了很多尝试，都以失败告终。可见，豪情万丈并不能有效助力理想，精心思考并设计的商业模式才是真正帮他实现目标的武器。

◇成绩不错但仍不满意的CEO

“我很佩服你!”见到这位年轻的公司管理者，我立即表达了自己的钦佩之情。然而，他似乎对公司的表现并不满意。

“您过奖了。说真的，我们并不是最好的。和我同时从事跨境电商创业的公司，如今一年做到40亿元的也有。一般来说，都是20亿元左右的。”他并没有满足自己取得的成绩，眼中是行业的标杆性企业。

“通过分析您提交的咨询信息资料，在2019—2020年，您带领公司似乎做了很多努力。但这些努力都导致了我们并不想看到的结果。

“在您看来，这是什么原因?”

“我们在 2019 年通过招聘迅速扩大团队，试图以这种方式提升公司的销售额。

“遗憾的是，管理水平没跟上，团队规模迅速扩大，不但没有带来有序的增长，反而造成了混乱。

“当公司的员工人数翻了一倍之后，通过 6 个月的测算，我们并没有发现销售额增长，反而快速下降。

“我想这和 2020 年的新冠疫情有关，但更多的是公司的管理水平不够。”

“也就是说，您和公司其他的管理者采取了人海战术来扩大公司的经营规模，同时希望增加销售额，是吗？”

“对，人海战术！”

“我们知道，扩大公司的规模，提升企业的绩效有很多方法，为什么您会选择人海战术呢？”

“老师，目前跨境电商领域存在两种经营模式：一种是精品路线。做精品的企业是以做品牌产品为主的，他们倾尽所有，打造品牌，塑造精品。这类公司会选择在跨境电商平台，如亚马逊、速卖通上开自己的品牌旗舰店，同时针对平台招商。

“另一种是店群路线，就是通过增加开店的数量来实现销售额的跃升。我们公司就是采取这种思路来运营的。

“精品路线需要很大的投入，而且风险很高。据我所知，本土的跨境电商公司实现品牌产品盈利的寥寥无几。店群模式相对简单，需要第三方软件的开发能力和供应链管理能力。

“这恰好是我们的优势，所以我们就采取了店群模式来运营公司。”

“您创业之前是做软件的，CRM（客户关系管理）、ERP 进销存（企业资源规划）这些软件，是吗？”

“是的，基于这些基础，我们将软件‘云’化，将量身定制的软件布局在云服务器上，完全为公司所用。

“同行中，有软件开发和销售的公司，比较知名的如店小秘。

“后来，我们强化了软件的供应链管理功能，同时并没有像其他软件公司一样推销软件，而是做了自己的跨境电商公司。”

听了他简单的介绍，我弄清楚了这家企业的优势。这非常重要，原因是企业应该在快速增长期里充分发挥自己的优势，而不是着急补足短板。

当企业增长到一定程度的时候，再回过头来利用积累的相关资源补齐短板，取得成功的概率要比一开始就齐头并进高得多。

特别是这家公司处于高速发展的领域内，因为不明确企业自身的优势而错失发展良机，等到行业增速趋于平衡的时候，就很难再保有先发优势了。

“明白了。在你看来，当公司的员工人数快速增加时，为什么会出现管理不善的情况呢？能具体讲讲吗？

“是培训没有到位，还是因为缺乏有效的管理制度？”

“我觉得您说的这些问题都有。首先，因为行业的迅速发展，我们在筛选员工的时候来不及进行细致的培训，这导致进入公司的员工能力和水平参差不齐。

“后来，公司又没有组织有效的培训，很多人是来混一份工资的，没有学习的欲望。

“至于管理制度，我们还没来得及研究这个问题。之前，我想将公司打造成一个自由平台，吸引优秀的人才一起来创业。因此，没有考虑需要建立等级森严的管理制度。

“但事实证明，除了少数人，大量员工还是需要一套完整的管理制度来规范工作行为的。”

◇我们想做到100亿元

“我们再来谈谈您的目标。您说这个行业里面的标杆企业每年能做到平均20亿元的销售额，那么您想做到什么程度呢？”

“不怕您笑话，根据我们对公司的供应链管理能力和软件定制能力分析，我觉得公司每年做百亿销售额不成问题。

“如果超过百亿，可能目前的供应链体系和软件体系需要大规模升级，但百亿之内，应对销售额的增长，目前的水平绰绰有余。”

“也就是说，公司的目标是百亿级企业？”

“是的，可以这么说，这是我们的梦想。”

“那么，您想在多长时间达成这个目标呢？”

“在遭遇挫折之前，也就是2019—2020年这次失败的扩张之前，我们希望在3~5年实现百亿的目标。

“没想到一下子遇到了挫折。企业内部人心涣散，股东也有意见，以至于我们这两年不敢再提扩大规模的话题。”

“但您还是不愿意放弃自己的目标，这也是您来找我的原因，是吧？”我需要确定一下，他是否还有坚定的目标。

“正是如此!”

“这就好。不过，我想提一个问题，请您深入思考一下再回答我，好吗？”

他点点头。

“目前公司的年销售额是10亿元，采取的是多开店的店群模式，也就是人海战术，就像用自己公司旗下的产品，多占货架一样。只不过，我们要占据的是‘数字货架’。

“我的问题是，您认为采取相同的方式，沿着这个思路不变，公司有可能将销售额提升到如今的10倍——100亿元吗？”

“您说得有道理。我之前只想着一步步地增加公司的销售额，认为先将10亿元，变成11亿元、12亿元、13亿元，一步步提高。所以，公司招聘了很多人，疯狂开店。如果按照这个思路，很难在5年内将公司的销售额变成100亿元。

“这个增长方式，让我们的目标变得遥不可及。这个问题真的值得好好想想。”

“好，我们在这里留一个疑问：要想10倍增长，目前的战略思路是否能够让我们达到目标?

“接下来，我们说说管理规模的事情。管理规模决定了一家公司能有效管理员工的数量。弄清楚这个问题，我们就知道为什么在短期内公司人数翻倍，会带来管理上的混乱。

“您能否回忆一下，在这次挫折中，公司遇到的管理混乱具体有哪些现象?”

他想了想说：“一是混日子的人比较多。我们给人力资源负责招聘的同事规定的招人数量指标暴增；二是公司很难形成统一的行动。比如在节日电商大促，如双十一、黑色星期五（美国圣诞节前的促销旺季）等大促，各个店铺的运营者不能统一行动。新手开始申请了很多库存，在促销开始的时候，老店做的库存很快消耗掉了。他们向公司申请，希望能够向有库存剩余的新手借货，被新手拒绝了。

“占有库存的新手，一直没有将存货销售出去，最后反而砸在手里。

“还有在产品SKU（单品）的分配上，也出现了问题。大家都想做爆品，而销量一般的单品没人想做。爆品的利润往往很低，有些单品虽然销量一般，可利润丰厚。大家这么做，也导致公司销售利润降低。

“最让人懊恼的是，出了问题之后互相推诿。新来的员工说老员工不给他们帮忙，而老员工说新人什么都不懂，还抢占公司的资源。”

◇管理就是管理关系

“这些现象充分地证明了，管理是管理关系这句话的正确性。

“管理就是管理关系，意思是当我们衡量一家企业的管理规模时，要注意管理并非仅仅是上级管理好与下级的关系，上级还要管理与自己平级的同事，以及下属之间的关系。

“这里所说的关系并非是指人际关系，而是说不同岗位之间的协调和配合、权力分配、责任分配、技能互补、性格差别、学习能力等内容组成的广泛意义上的工作关系。

“这就意味着，假设A员工有5位下属和3位平级的同事，A就必须管理好自己与5位下属的关系、下属之间的关系，以及自己和其余3位平级同事之间的关系。

“A员工的管理能力决定了他的管理规模，管理规模最准确的衡量标准是管理的关系数量，而不是人数。

“当然，管理者管理的人数越多，他需要管理的关系数量也就越多。区别在于，人数的增加是线性的，而关系数量的增加是指数型的。

“这些，你能理解吗?”

他思考了一会儿说：“我好像明白了。”这位企业管理者有软件工程师的背景，对数学应该有一定的基础，因此，他应该能区分线性增长和指数型增长的差别。

为了让咨询对话更明确，我给他举了个例子：“通过一个例子，我们对这个问题就更清楚了。

“就像前面说的，我们假设A员工有3个同级同事和5位下属，按照管理就是管理关系的逻辑，A要管理好的工作关系有几条?”

“A需要管理的平级关系有3条，他和5位下属之间需要管理的关系有5条、下属之间的关系有10条，一共是18条。”他简单地在纸上画了画，就算出了答案。

“如果此时，A需要增加3位同事和5位下属。公司的人数增加了8个人了，相当于人数扩大了一倍。但A需要管理的关系条数是多少呢?”

“平级是6条关系，他和10位下属之间需要管理的关系有10条，但他要管理的下属之间的关系变成了45条?

“那么一共是61条工作关系需要管理！人数增加了一倍，管理规模却扩大了3.3倍。”

“没错，你可以想象，特别是当A管理的下属数量增加的时候，管理规模的增加是很厉害的。人数从10个人增加到11个人，需要管理的下属之间的关系就增加了10条。

“这近似于数学上指数型的增加了。

“因此，看起来我们只是多招聘了一些人，但这些人的加入，给管理规模带来了极大的提升。而公司管理者的管理能力却不可能在短期内提升，企业文化、使命、愿景、价值观这些增强团队凝聚力的企业软文化发展，也不可能一蹴而就。

“所以，你很少会听到短期内人数翻倍的公司，事后不出现管理混乱的。几乎任何一家公司都会出现人数暴增后的管理混乱。”

“我明白了！”对话进行到这里，他轻松了很多。当明白了管理就是管理关系，需要管理的关系决定了管理规模及管理规模随着管理人数的增加而暴增这个铁律，他找到了自己遭遇挫折的理论必然性。

◇平台型商业模式

“那么，回到刚刚我们留下的疑惑：如果公司想要实现10倍的增长目标，能否通过原来的店群模式，疯狂招人来实现?”

“您这么一说，我觉得这事儿理论上就不可行。管理能力的提升很难，如果还是采取人海战术，必然会引起管理上的混乱。所以，这个思路肯定不能让我们达到目标。”

“这意味着我们需要换个思路才能达到10倍增长。”

“通过简单的分析，我们一致认为，要想让公司在3～5年达成百亿销售额企业这一目标，只有通过商业模式的创新才可以实现。不过，根据公司积累的核心能力，商业模式创新的实现要在一个被限制的范围内。

“对这个变化范围起到限制作用的，就是公司的核心能力，新的商业模式需要发挥企业积累的核心能力而不是分散或者削弱它。

“前面我们说过，之所以公司想要朝着百亿年销售额的目标努力，主要是因为供应链管理能力和软件开发能力。企业的这两项能力能支撑百亿的销售额。

“而这两项能力效率最高的产生价值的方法就是店群模式，这意味着我们在考虑新的商业模式时，店群模式这一主旨不能变，是不是这样?”

他点点头。

“公司目前在精品模式中有什么能力积累吗?”

“没有，我们几乎没有做过精品模式，在这方面没什么资源或者能力的积累。”

“看起来，我们能够选择的商业模式并不多。商业模式，其定义是：利益相关者的交易结构。所谓利益相关者，就是与公司的商业行为有利益关系的对象，可分为内部利益相关者和外部利益相关者。

“外部利益相关者指的往往是供应商、客户、我们开店的电商平台、物流、仓储公司等；内部利益相关者是指公司的股东、员工、集团公司的不同业务子公司等。

“商业模式创新，往往就是通过在现有的利益相关者中，删除或增加新的对象，或者改变与同一利益相关者的交易模式这两个办法来实现。

“因为我们的店群模式最好不要改变，因此，很难增加新的利益相关者，原有的利益相关者也无法删除。

“那么，我们就只有想办法改变与同一利益相关者的交易模式，来实现我们的目标。

“您可以顺着这个思路思考一下，我们要想实现百亿年销售额的目标，最简单有效的办法是改变和哪种利益相关者的交易模式？这一利益相关者是外部的，还是内部的?

“交易模式怎么改变?”

他想了一会儿说：“最近我们做了一些尝试，按照您讲的，我们这些尝试是改变了部分内部利益相关者的交易模式。

“简单来说，我们允许一部分优秀的员工把自己的店铺分离出去独立运营。他们只需向公司缴纳一定比例的管理费，就可以获得公司的供应链、软件支持及资金支持。

“这些小小的分公司，运营效果非常好，根本不需要我来参与他们内部的管理。我只需要为他们做好内勤服务，他们就能给公司带来销售收入的增长。

“所以，我们是否能在这方面细化一下，形成新的商业模式。”

“也就是说，我们通过改变与员工（内部利益相关者）的交易模式，将原本的雇用交易关系转变为孵化平台的交易关系？”

“是的，我们做了这个尝试，效果不错。”很明显，他对这种模式的执行，有很高的信心度。

“这些小的业务单元，能产生多少销售额？”

“只需要3个这样小的业务单元，就可以在一年内产生1亿元左右的销售额。百亿目标，需要300个这样的单元成功运营就达到了。

“如今，我们已经有了7个。公司去年10亿元的销售额中，7亿多元是他们贡献的。”

“公司在这些业务单元中的主导地位如何？他们能非常轻松地彻底独立出去吗？”

“这个很难！做跨境电商的人都知道，因为海外供应链效率的问题，特别是疫情期间，一笔订单的资金占有时长60～90天。

“因此，如果业务单元一年实现1亿元的销售额，实际上每月需要3000万～4000万元的流动资金来支撑。这相当于一个业务单元的全年净利润。所以，1亿元左右的业务单元，基本上一年下来是没有现金流的，基本上钱都在周转渠道中。

“而我们公司为这些业务单元垫付流动资金，解放了他们的资金，大家忠诚度还是很高的。

“另外，这些业务单元对公司软件和供应链的依赖性很高。所以，他们想要彻底独立出去的门槛很高。”

在设计商业模式时，我们需要考虑自己的公司是否有机会在某种交易结构中处于主导位置。位于主导位置，能让我们获得对整个商业模式的主导权力，同时，也能给公司带来丰厚的利润。

不知是有意还是无意，这家公司打下了坚实的“基础设施”——供应链管理能力和软件开发能力，这让它足以主导平台型的商业模式。

通过分析公司的利益相关者，以及他们之间的交易结构，结合对企业核心能力的思考，我们找到了全新的创业平台型商业模式。

公司将与员工的雇用关系转化成创业扶持关系，实现了商业模式的创新。

在新的商业模式之下，成功孵化300个业务单元虽然并不容易，但对比电商平台上数以千万计的卖家来说，300个业务单元（小卖家）的成功塑造，并不是十分困难的。

如公司决定用3年实现这一目标，每年只需要完成100个业务单元的建设，每个月8～9个。这是管理者完全可以达成的目标。

300个业务单元的成功运作，就能带来一个年销售额百亿的企业，管理者的梦想仿佛并不是难以触及的。

【后续进展】

轻咨询结束后，我接受了这位企业管理者的邀请，专门对他的公司进行调研。根据调研结果，我们将商业模式创新设计更加细化，最终形成了完整的方案。

【管理提示】

（1）管理规模是由管理的关系决定的。

这意味着虽然人数的增加是管理规模扩大的主要原因，但管理规模的增量，并非和人数的增加是线性的关系，而是指数型的爆炸式增长。

很多企业在扩张时，短期内迅速增加员工，导致因管理混乱而失败。这并非是企业管理者无能，而是违背了管理能力增加的规律。

如果管理能力不能匹配管理规模，管理规模过大会造成极大的混乱。

（2）疯狂的目标需要转换思维方式。

10倍增长目标，是一个疯狂的目标，但并不是不能实现。可你无法按照一成不变的方式去触及这些疯狂的目标，要想达成它，还需要转变自己的思维方式。

企业经营中，经营思维的转变典型地以商业模式创新为体现。因此，当公司有远大的目标时，需要不断根据情况来迭代商业模式。

（3）优势思维是企业经营的核心法宝。

所谓优势思维，是提醒企业管理者在设计公司发展战略，或者进行商业模式创新时，先洞悉公司积累的优势资源和能力。

将创新性的变革，立足于之前积累的优势资源和能力的基础，会大大提高变革的成功率。反之，如果新的商业模式分散，或者忽视了企业之前积累的优势资源和能力，遭遇失败的可能性就会大大增加。

【咨询提示】

（1）咨询顾问要具备抽象的能力。

面对客户时，咨询顾问通过对话获得的信息往往是某种具体的现象。咨询顾问要拥有将具体现象抽象化的能力。虽然客户偶尔会因此困惑你的专业术语，但帮他们从具体现象抽象出一般规律，对他们管理能力的提高大有裨益。

他们可以根据这些一般规律、模型模式，观察自己遇到的具体现象，从而找出背后的原因，一次解决一批问题。高效的管理者需要的正是这种能力，咨询顾问协助客户获取它。

（2）咨询顾问不要忽视或者嘲笑客户疯狂的目标。

当我拿到这个案例的咨询信息调查表时，着实被企业管理者的目标销售额吓了一跳。但我并没有想当然地认为客户是在开玩笑，而是选择在咨询服务过程中严肃地对待他提出的目标。

顾问与客户在整个咨询过程中，都在努力寻找实现目标的可能路径。最终，经过严肃地评估，我们初步找到了一条可以达成目标的路径。

当然，如果冷静地评估下来，目标很难达成。在整个分析过程中，客户就会意识到要实现目标的困难程度。他或许会修改目标，或许会坚持下去，无论如何，严肃的分析都会给他做出的选择带来参考价值。

（3）高效的咨询建立在互相理解的基础上。

一定要确定你和客户在咨询对话中是互相理解的，如果有必要，不要吝惜重复对方谈话的意思，和对方确认对话中没有存在误会。

四、质美价优的产品，怎么就是卖不好

在非洲，因为基础设施建设薄弱，至今仍有很多地区没有通电。为了满足家庭用电的需求，人们普遍会购买太阳能电源产品。与其说这是一款产品，不如说是一个安装简易的家庭供电系统。

公司发现了这个巨大的市场之后，通过多年的研发努力，不断提高产品的使用寿命，提升供电功率，同时降低产品成本。因为同领域的类似产品在非洲市场口碑太差，很多同行业品牌的供电系统使用寿命与标称值严重不符。

受此影响，这家公司的优质产品一直很难打开局面。

◇优质产品的拥有者

初次见面，公司的管理者拿出一摞产品介绍资料。这是技术型创业者常有的举动。

“这是我们的产品，您看下。”他指着一款产品介绍，“您看这款产品，如果充满电，它可以满足一个家庭四五个人基本的用电。

“不过，这款还不支持使用空调。除空调之外的其他产品，没问题。”

我看着他指给我的一个柜机，以及连线示意图，惊讶像一个床头柜大小的机柜中，竟然蕴藏着可以点亮数盏灯、一个冰箱、一台电视和几个风扇的电量。

根据产品的标称值，当产品目录标注的所有电器同时用电时，这款供电系统可以支撑 8 小时，足以满足一个家庭夜间的基本用电需求。

“这里用的是什么类型的电池，怎么会有这么大的功率?”

“我们采用的是最好的磷酸铁锂电池。采用这种技术的电池，是因为充电快、寿命长、体积小、功率高。很多电动汽车也采用磷酸铁锂电池。”

“这么一来，产品的成本岂不是很高?”

“是的，电池是产品的主要成本。但我们采用了最新的电源控制技术，所以能够提高用电效率。这就降低了对电池功率的需要，但用电时间可以延长。”

我非常有兴趣地翻开这份产品目录。要知道，电源控制是电子信息工程领域里面最关键的技术之一。不管是手机、平板、随身听、MP3还是其他用电池供电的电子设备，或者是大型电器，如空调、冰箱、电视等家用电器，在节能环保概念的兴起下，提高电源供电效率，节省电能，都必须不断改善电源控制技术。

◇劣币驱逐良币

“产品非常棒！但我听说销量一直都不理想？您能具体说说吗？客户都有什么样的反馈?”

说起这个，对面的公司管理者眼神暗淡下来。

“销售不理想，客户反馈的内容让人感到无奈。你知道，我们的产品销售是依赖非洲的经销商。这个市场和需求不是现在才有的，而是很早就有了。之前，这些经销商购买来自中国的相关产品，然后再转卖到自己熟悉的地方，获取利润。因为很多产品都是粗制滥造的，质量不过关，终端消费者要求维修、退货。

“经销商自然会要求供货商提供相关服务。但很多供货商根本无法解决问题，所以拒之不理。长此以往，在这个产品类型中，来自中国的产品品质不过关的印象在经销商中传播。

“这就导致经销商对任何中国的相关产品都不信任，不愿意下单订货。我们下了大力气研发生产的产品，也因此受到了巨大的影响。”

这是典型的“劣币驱逐良币”现象：粗制滥造的产品毁坏了品牌的市场声誉之后，使得整个市场对于来自中国的产品都不信任，使得真正优质的产品无法进入市场销售。

“同时，对于终端消费者来说，一套设备要支付 400 ~ 1000 美金，这对于非洲地区来说，是一笔不菲的支出。如果产品质量不过关，用不到几个月就损坏不能使用，他们宁愿支付更高的价格购买欧美那些品质过关的产品。

“所以，市场对我们产品的反应，还是可以理解的。同时，这也让品质优良的欧美品牌在非洲大行其道。

“我们提供的产品要比欧美品牌价格便宜一半，使用寿命也差不多，因此应该有市场竞争力。”

“为了解决这个问题，我们采取了什么措施？”

“常规上，我们可以为有渠道优势的经销商提供样机测试。他们甚至可以获得一些免费的产品自己使用，通过真实的使用感知产品的质量。

“我们这样做了，所以很多经销商开始意识到我们的产品性价比高，利润空间大。但他们很难用同样的方式来说服深受劣质产品所害的终端消费者。

“有些经销商试用过我们的产品之后，采购了小批量的产品。但因为销路不好，这些经销商很少有返单的。

“开始，我们为了改变这一状况，还在非洲地区投入广告，试图以营销手段来培养品牌知名度和美誉度。为此，公司支付了高昂的营销费用。因为广告持续时间短，效果并不好。公司常年投入研发，产品销路又不好，资金储备也不多，很难持续投入营销费用。

“我们陷入了恶性循环，感觉有点倒霉！”说完，他有些沮丧。

◇施乐公司的启发

当普通的营销推广行为不能帮助公司时，企业的管理者应该把思维投向更高维度的商业模式创新。

听管理者说完，我想起了一个案例故事，决定将这个故事讲给他听，希望他能获得某种程度上的启发。

“您公司的遭遇并不独特，很多企业在创新产品刚刚投入市场的时候，都有过类似的经历。”

美国就有这么一家公司，创始人通过技术改善，投入大量的研发费用，最终将成像系统进行了升级改造，并将其运用到一款伟大的产品中。

这就是今天我们用的复印机。

这家叫施乐的公司没有推出自己的复印机产品之前，在美国，包括学校、企业、政府都是用类似油印机原理的热敏复印机来复印资料。

当时，一台热敏复印机的价格是300美金。而施乐的新复印机，采取的静电成像复印技术的复印机，使用起来完全没有油印机弄脏衣服、污染环境的困扰，但成本却要2000美金左右。

施乐的创始人认为，尽管他们的复印机很贵，但使用起来很方便，所以只要投入广告，让大家知道施乐复印机，产品就会大卖。

事实让他们失望了。产品的销量一直停滞不前，连基本的广告费都收不回来。这种情况一直持续到创始人想出另一个办法来普及自己的新产品。

他将自己的复印机变卖为租，也就是说，复印机的使用者不用支付昂贵的机器费用，只需要支付每月95美元的租金，就可以在办公室里摆上一台施乐复印机。租金包括一个基础条件，复印材料的量——每月复印不超过2000张。当客户每个月复印页数超过2000张之后，每张需要再支付4美分。

他们这么做了之后，就发生了令人难以置信的事情。由于施乐的复印机实在是太方便、太好用了，又不会弄脏衣服和手。用户不是每个月复印2000张，而是每天复印的数量都超过了2000张。

在之后的十几年里，施乐成了世界500强企业和商业巨头。

讲完这个故事，我观察到对方露出了有所领悟的表情。

“虽然这个案例的细节与我们遇到的实际情况不完全吻合，但其背后的逻辑和我们的情况吻合。

“您可以看到，两家公司的产品质量都很高，只不过施乐遇到的是成本高的问题，而我们遇到的是客户对中国品牌的接受程度低的问题。本质上，两个问题背后的原因都是信任。

“其实，在采用了新的商业模式后，施乐公司从客户那里一年内收到的费用远远超过客户购买复印机的费用。按前者的方式收费超过2万美金一年（租金95美元一个月，每天打印2000张），后者最多只能给施乐公司带来3000美金的收入。因此，在对施乐的产品产生信任之后，大量客户选择自己购买复印机。但中小企业还是愿意按照使用付费，避免一次性支出大额现金。

“同时，我们还看到，客户在意的并非是产品的占有权，而是在乎优质产品的使用权。施乐商业模式创新的核心思想其实是将产品的使用权和占有权分离，以租赁的方式满足客户的使用需求，而无须客户占有。

“这从根本上打消了客户对售货服务的疑惑。因为他们无需售后服务，如果产品质量不过关，最终是品牌商不能通过租赁来赚钱，客户却没有金钱上的损失。所有的后期维护工作，都自然而然地由品牌商承担，消费者无须担忧。

“我们的光伏供电系统，虽然没有施乐复印机精密复杂，但为了确保运行良好，也需要定期维护。缺乏电子产品知识的消费者很难按照厚厚的维护手册来定期维护产品。不定期维护，供电系统肯定难以长久稳定地工作，质量问题出现了，技术设计缺陷出现了，信息也很难反馈到我们这里。这让我们无法及时改善产品性能。

“要知道，在实验室中使用的产品和在实际环境中运行的电子设备之间，因为使用环境不同，如温度、湿度、灰尘、散热等条件，会严重影响设计有缺陷的产品的使用寿命。所以，我们需要来自使用者的反馈，进一步改善产品。”

◇以租代售的商业模式

“也就是说，假设我们采用租赁的商业模式，还需要公司或者经销商去做产品的技术维护。虽然增加了人力资源，但也为公司的产品改善提供了很多有用的信息。这些维护人员的工作就很有价值了。”

“是的，您能这么想，很有智慧。很多企业管理者希望提升公司某方面的能力，比如战略能力、销售能力，但却拒绝在它们身上投入精力和资金。

“如果产品使用的费用定价能够兼顾非洲各地的消费者收入，同时关注经销商和我们公司的利润，用量会大幅度增加，公司收入也会大幅度增长。最重要的是，我们无须消费者对产品质量产生信任。假设产品在使用一段时间后出现质量问题，不能再供电了，损失的是我们，而不是消费者，因此他无须对我们的产品建立信任，完全可按使用程度缴纳费用。

“这就解决了品牌信任的问题，降低了交易成本。”

“我明白了！经您这么一说，我就有想法了。非洲的经销商已经对我们的产品质量产生了信任，消费者还没有。如果使用收费定价合理，相信经销商也会很乐意替我们租设备给消费者。

“但这里面有个问题，一旦供电系统需求量大了，我们公司势必产生一定的现金压力。我们必须先把供电设备生产出来，购买相关的原材料，比如太能板、芯片、机柜、电缆等。然后才能经由经销商租赁给消费者，再细水长流地获得收入。

“前期公司势必要垫付一些现金，我对这个还是有顾虑的。”

“您提的问题非常好。不过，这个问题已经有了很多现成的解决方案。一旦我们的租赁模式达到一定规模，您可以找对应的金融机构，采用他们提供的融资租赁金融方案来解决自己的现金流问题，或者做股权融资等。解决这个问题的办法很多。

“难点在于前期必须依赖自己的力量，让资金方看到这套模式的落地，以及有利可图的前景。当这两个条件齐备时，资金不是问题。”

一抹笑容出现在了对方的脸上，他对寻找解决公司问题的途径有了信心。技术型创业者在技术选择、开发、应用、改善等环节上非常有潜力，但对于运营公司的复杂操作，例如管理、营销、人力资源、商业模式、战略、企业文化等人文领域的问题，往往一筹莫展。

一旦他们解决了这些问题，公司会很快获得发展。毕竟这是一个技术创新取胜的时代，拥有创新技术专利和技术发展前景的公司，很容易在资本市场中得到认可，获得很高的估值。

【后续发展】

两周后，我应邀拜访了这家企业，深入了解企业的相关信息，为企业设计了一个完善的、可执行性很高的商业模式，并成为这家企业的战略顾问。

在执行具体的推广业务时，我们遇到了很多意想不到的情况。比如某些实力很强的经销商拒绝租设备，他们更倾向卖设备。我们了解到，这是因为实力很强的经销商特别在意资金回笼的速度，他们认为销售产品比租赁产品能更快地让资金回笼。

为解决这些问题，我们为了这套商业模式的落地，重新制定了战略，先支持那些认可这套商业模式的中小型经销商。结果，用了不到一年的时间，这些中小型经销商在非洲市场上活力大增，迅速扩大了自己的市场份额，不少公司甚至开拓了全新的零消费市场（以前从未在特定产品上消费的市场潜在消费者）。因为设备租赁的费用大大降低，让很多原本买不起供电设备的人也可以通过“租”一套设备而享受到通电带来的快乐。

这让大型经销商反过来支持我们的新商业模式。

【管理提示】

营销往往不是解决产品销售低迷问题的唯一办法。

营销活动效果的快速丧失，是因为营销理论、技术和方法论逐渐同质化造成的。你能用一个营销事件来造势，竞争对手可能会用更大的招数。营销投入的比拼，只会让消费者感到信息爆炸，无所适从。

因此，我认为，传统的营销活动是把已经卖得很好的东西，已经有名气的品牌，卖得更好；而不能帮助企业家从零打造品牌。

而商业模式创新可以解决产品销售低迷的情况，并且不需要太多的费用。商业模式创新的核心要素是将产品价值以极低的交易成本转移给消费者，也就是公司的盈利后置。

比如案例中的企业，只有采取租赁的方式获得消费者信任之后，才能逐渐建立品牌。有了品牌的吸引和品质保障体系，消费者最终才会有一种“租一个不如买一个”的想法，推进产品的销售。

在这个案例中，我们看到商业模式创新可以帮助企业的产品和服务打开难以进入的市场，并建立消费者品牌信心。同时，产品使用者增多，可以帮助企业降低产品的生产成本。最后，企业也能在市场反馈的信息中不断找到改善产品的灵感。这一切，最终导致消费者品牌的建立和消费者源源不断地采购。之后，才是营销投入能够发挥长效机制的阶段。

【咨询提示】

（1）讲故事是个很好的咨询工具。

咨询顾问在充分了解客户的信息后，可以给他分享一个商业案例故事。好的故事有代入感，让人有想要采取行动的欲望。

同时，能绘声绘色地讲解商业案例故事的咨询顾问，更有能力吸引客户，这对顾问工作本身有巨大的推动作用。

（2）未来时代需要更多具有自然科学背景的管理咨询顾问。

在以科技创新能力为主要竞争力的时代，科技公司正在，也将会获得持续快速的发展。但技术背景出身的创始人和管理者，容易忽视对商业思维、营销、战略、企业文化等运营一家企业必需的要素。因此，他们需要管理咨询顾问的帮助，特别是当科技公司进入高速发展期后，管理顾问的帮助可谓事关成败。

为什么科技公司的管理者会拒绝来自管理顾问的帮助呢？原因是管理顾问恰恰是人文科学背景出身的人较多，鲜有自然科学背景出身的。这让绝大多数管理顾问和科技公司的管理者缺乏一起对话的语言体系，甚至在思维方式上有很大不同。

因此，有自然科学背景的管理咨询顾问，能更好地服务科技公司，创造更大的咨询价值。

（3）咨询顾问要尽可能地丰富自己的咨询工具箱。

这样，你就能在客户提出一个具体问题时，为他的问题匹配最好的、能解决问题的管理工具。案例中，客户本来是想要咨询如何为新产品设计营销战略方案的，结果最终让他受益的是商业模式的创新。

第三篇

战略管理:竞争优势来源于价值创造

在漫长的战略思维发展史中，出现并衍生了众多的战略思维体系和管理工具。

这些战略思维体系大致可以分为两大类：第一类是关于竞争优势的主要战略理论；第二类是关于价值创造的战略理论学说。[①]

由此可见，影响企业战略的各类学说可谓错综复杂。与此同时，我们看到，企业在竞争压力和经济下行压力之下，不得不注重打造自己的竞争优势，需要注意为利益相关者创造卓越价值。

只有兼顾竞争优势和价值创造两大战略思维落实的公司，才能获得长足的发展。因此，在实际的咨询工作中，优秀的战略咨询顾问必须帮助企业管理者播种、培养、修剪其战略思维，才能从整体上提升管理者的战略管理意识。

读者可通过阅读这一部分，从内容中体会到上述观点。

---

① 马浩．从竞争优势到卓越价值［M］．北京：北京大学出版社，2021.

一、刚刚创立的公司，要不要战略

在所有的战略咨询中，初创企业到底要不要战略是提问频率最高的问题之一。

围绕这一问题，有人说，初创企业需要的是生存，为了生存，什么赚钱就干什么，战略根本帮不到处于生存期的企业；有人说，虽然生存对创业公司来说是必须做的事情，但初创企业绝对不能跟着钱跑。否则，就会遭受损失，而不是能够赚取利润。

究竟谁说得对？即将出场的两家创业公司，将用他们的经历回答这个问题。

◇年轻创业者认为战略不重要

咨询案例 1

杨先生是一位年轻的创业者，他的公司是做排课软件的。任何培训机构，例如钢琴、舞蹈、书法、美术等培训机构，都需要这套软件。

杨先生和公司的两个联合创始人都是腾讯的离职员工。他们不甘心在大公司里当码农，选择创业。这款软件大大提高了培训机构的管理效率，因此受到很多客户的喜爱。这些客户大都是拥有数家连锁培训门店的公司，采购软件的力度很大。

这让这家小小的公司很快就盈利了。但三位创业者希望能将公司做大，因此来寻求战略咨询。不过，除了杨先生之外的两位创始人认为，目前公司的销售额才 100 多万元，根本不适合做战略，也无须战略。

“在腾讯上班的时候，公司曾经组织过一些战略培训，旨在提高员工的战略思维。说实在的，那些课讲非常精彩，但我们实在是找不到这些课程与日常工作有什么相关。

“似乎授课的老师把简单的事情复杂化了。因此，我们要先弄明白一个问题，是不是小公司根本不需要战略？希望这个问题不冒犯您！”

“这是个好问题，不会冒犯我，很多创业者都有这个疑问。不过，在回答这个问题之前，我希望能对你们的工作有一个全面的了解。

“日常工作中，你们都是负责什么的？”

“我负责给公司的软件寻找客户，然后进行合同谈判。因为我们采用的是 SaaS 技术，软件服务器布局在云服务器上，所以无须客户自建机房。我们的收费又合理，所以合同谈判的工作不难。只要能接触到客户，基本上就能拿下。因此，我对战略能否帮助我持怀疑态度。”

小张是这家公司负责产品销售的联合创始人，他先回答了我的问题。

而小李是公司的技术合伙人，他说道：“我的工作一开始就是编写软件、测试软件。现在的工作主要是迭代软件，使之成为能满足更多需求的产品。其实，我是这个产品的系统构架师和产品经理，程序模块我们有程序员来实现。

“还有一部分工作就是修改软件的程序错误（Bug），确保用户使用不出现问题。”

小杨是公司的 CEO，他的工作当然是考虑整个公司的发展问题，他说：“我就负责给公司招人、寻求融资及设计市场拓展方案。”

由此可见，小杨的工作性质，让他模模糊糊地感觉到公司需要有一个清晰的发展战略，否则，他很难让自己的工作有清晰的目标感和路径感。

其他两位同事觉得每天都被具体的工作所累，根本无暇，也不需要做出战略上的思考。

等他们说完，我问：“你们觉得公司为什么会一开始就赚到钱？”

“我们的软件做得好，针对性强，客户都需要。”技术合伙人小李说。

“我认为是这款软件找到了客户的痛点。所以，在销售谈判时，只要我们将软件的功能演示清楚，客户都很感激我们开发了这套软件，自然很好签单！”销售合伙人小张说道。

“我觉得可能是我们发现了一个以前不太被重视的市场，并且采取了新的 SaaS 技术。大的软件公司根本看不上这些给培训机构设计的软件市场。我们的客户大多数是一些在全国仅有数十家店面的小机构。而大机构为了保存自己的客户信息，比如新东方，都有自己的软件部门，定制了自己的软件。

“规模小的培训机构如果定制自己的软件，一次性投入和维护费用高昂，得不偿失。但这么复杂的店面管理的确需要一款软件来提升管理效率。

“在没上软件之前，培训公司的老板根本不知道每家店里的每位老师有多少时间在上课，有多少时间闲着。师资是培训机构最大的支出之一，培训公司对老师的工作都无法有效管理，怎么能经营好?

“很多培训公司的老板都知道这些困难，但依靠自己的力量无法解决问题。我们的软件刚好帮他们解决了上述难题。老板端有个可视化的管理窗口，具体到每家店，甚至每位老师的实际工作时间、效益的来源、受喜爱的课程和老师等关键信息，管理者一目了然。”

“而软件的费用又不高，每月仅收 1000 多元，培训公司的老板当然接受了！”CEO 小杨说道。

“那么，下面我们来思考几个问题。在你们的回答中，我们发现公司之所以赚钱，实际上是因为采用技术创新，让软件的使用可以覆盖到之前无法采购软件的细分市场。

“我们采用 SaaS 技术，这大大降低了客户使用软件的成本，所以客户的接受程度很高。之前，这些客户都是想要用软件，但是不会用也用不起的。

“既然如此，你们有没有想过我们的软件是给客户带来了卓越价值——他们可以提升公司的管理效率。这才是他们付费的真正原因，是不是？”

三个人点点头，表示同意我说的。

“那么，问题来了。除了能提供软件已经实现的管理效率提升的价值，我们下一步还要不要考虑为客户提供更多、更深入的价值？”

三个人面面相觑，显然，他们并没有思考过这个问题，但根据直觉上的反应，他们回答肯定要给客户提供更多更深入的价值，否则公司就无法持续盈利。

我紧接着再问：“那么，你们想好了如何做到为客户提供更多的价值吗？”

他们愣了一下，都缓慢地摇摇头。

“好，既然你们一时半会儿没有答案，那么我们换个问题。公司现在有没有像样的竞争对手？”

“目前还没有，假如公司规模越做越大，我相信一定会有的！”小杨说道。

“这款软件的技术门槛并不高，只是市面上的大型软件公司根本没注意到这个市场。所以，假如市场有潜力，肯定会有竞争对手的。”技术合伙人小李同样认为，公司遇到竞争在所难免。

技术合伙人小张点了点头，认可两位联合创始人的观点。

“好，看来我们在这个问题上达成了一致：公司一定会遇到激烈的竞争。

“既然如此，是不是就应该在竞争对手还没发现我们之前，又好又快地占据市场份额呢？

“这种管理软件很有黏性，客户一旦养成使用习惯，就不会轻易更换。”

“没错！我们就是想要快速地占据市场。”小杨说。

“那么，作为CEO，你能想象一下，如果有实力雄厚的玩家，比如你们原来工作的腾讯公司，想要进入这个市场发起竞争，他们会怎么干吗?”

他们想了一会儿，几乎异口同声地说：“免费!”

“目前客户采购软件的定价是怎么来的?”

“我们根据租赁服务器的成本和工资成本计算而来的。”

“这就是所谓的成本 - 价格法定价。根据你们的描述，你们面对的是一个软件零消费的市场。按照成本 - 价格法定价，是不是所有的客户都认为很低?”

“我们完全可以将价格提高一些。目前，竞争对手还没有关注这个市场，客户对我们的软件需求很大。最关键的是，公司未来非常有可能会遇到激烈的竞争——免费软件。

“如果我们仅关注目前公司的成本，而没有赚取足够多的利润，那么当竞争发生时，该怎么办?”

“可提高价格，会不会减缓销售的速度?”

“所以，我们要找到一个合适的价格，既让客户觉得便宜好用，又能提高公司的收入，为公司积累足够的实力，对吗?”

“是的。”三个人又异口同声地说道。

“好了，下面我解释一些战略的功效。战略大致为公司解决两类问题：一是帮助企业寻找为客户和公司的其他利益相关者创造价值的方法；二是积累企业的竞争优势。

“到这里，你们认为，公司到底要不要做一些战略上的思考?”

听我这么说，三个人沉默了一会儿，然后重重地点头。

◇关于战略的分歧

咨询案例 2

这个案例中的公司是一家大型公司，参与咨询是为了寻求转型变革。公司管理者深入研究了转型变革策略，选择了最容易成功的“体外孵化模式”。

所谓“体外孵化模式”，就是公司以在外部投资成立新的创业公司的方式，来完成现有公司的转型升级。这是非常明智的选择，可以大大提高转型升级的成功率。

但管理新的创业公司的管理者和原企业的管理者在“创业公司是否需要战略”这一问题上产生了分歧。

创业公司的管理者认为，既然公司选择以孵化创业公司的方式来实现转型变革，就要放开手，任由创业公司折腾，而不是经常过问创业公司是否有清晰的战略。他认为，创业公司很难有清晰的战略。

而原企业的管理者如今作为投资人，虽然是投资孵化自己的新公司，但仍然认为这些新公司要有清晰的战略，才能很好地发展。

双方争执不下，希望第三方咨询顾问帮他们一起分析清楚这个问题，因此参与了咨询活动。

“董老师，这是我们独立子公司的创业 CEO，小林。我是和您联系的老袁。”

“袁总、林总好，请坐！很高兴认识二位！

“林总，我想先听听您的观点，为什么创业公司不该做战略上的思考?”根据上述分析，我决定先听听反对者的意见。否则，可能会引发他对此次咨询目的的怀疑和情绪上的变化，影响咨询的效果。

“董老师，我认为创业公司应该集中精力，寻找能够确保公司独立盈利的项目，赶快开展工作，尽早实现公司盈利。

“有些人认为，我们这种性质的创业公司和一般意义上的创业公司不同，我们有后台，有母公司持续的投资，因此有条件轻松地创业。

“但我认为，正是这种思考方式，让创业公司本该拥有的狼性受到了伤害。

“长期来看，如果我们孵化的创业公司不能实现盈利，那么公司的转型战略就彻底失败了！

“所以，我宁愿不要花母公司那么多钱，限制母公司投入的资源，来倒逼我这边公司下属的狼性。

“只有这样，我认为才能早日实现独立经营。正因为如此，我觉得，这家小公司不需要考虑太多战略上的事情。”

听上去，林总的这番分析有理有据。其实，他并不知道，就在这番分析之中，他已经做了“资源本位企业观”的战略思考。“资源本位企业观”中，将现金资源（母公司的投资）作为企业发展的低级资源，因为当企业积累了足够的核心能力之后，资金的获取完全可以在公开的市场上获得，不具备企业的独特性。

所以，他宁愿削减母公司的资金投入，制造一些资金上的限制，以此来激发创业团队的斗志，以便获得比现金更高的能力资源。

企业能力资源及由能力资源发展而来的核心竞争力，是塑造企业竞争优势的重要基础。

“您说得没错，我非常同意您的观点。创业公司的团队的确需要一些狼性！”

他看着我，对我的反应感到意外。同时，这句肯定的回答，也打消了他一大半的抵触。

“我没想到您也是这么认为的。那么，是不是说您是站在我这边的?”林总笑着看着老袁，老袁不动声色。

“我当然是站在客户这边的。不过，您先别急着下结论。我们来一起仔细分析一下这个问题。

“接下来，我想请教的是，您认为团队的狼性是如何定义的？也就是说，我们说一个团队有狼性，意味着团队会有什么具体的行为？说一个团队没有狼性，意味着团队会有什么行为?”

“这个很好解释。有狼性的团队，只要给团队一个目标，他们就会十分努力、克服各种困难、承受各种打击实现目标；而缺乏狼性的团队，一遇到挫折就会放弃、抱怨，或者干脆混日子。

“我们要想转型成功，绝不能让团队成员认为公司有母公司的资金支持，所以无须奋斗，坐享其成就行。”

“那么，为什么为公司做一些战略上的思考，会限制团队狼性的养成呢?”我继续问。

◇对战略的错误理解

“我之前也是在母公司工作的，负责母公司旗下几家子公司的市场管理。母公司因为历史悠久，公司规模庞大，年底都要召开冗长的战略会议。

“我觉得这些战略会议得出的结论，比如新的管理制度、预算管理和人员考核体系，对大公司来说是十分必要的。但小公司如果搞这一套，就会失去市场的敏锐度。

“我们这些小公司，从母公司松绑出来独自干，就是要干点与母公司不同的事情，所以需要不断地根据市场的变化来调整自己的工作方式。

“规定好的战略，一定会影响我们的发挥！这不能干，那不符合战略，我们岂不是束手束脚?”

“您说得很好，我非常同意。”我看看袁总，他点点头，示意我继续。林总是个非常强势的领导者，从对话中就可以得出这样的判断，强势领导者是创业公司的草创阶段的核心资产。如果一家创业公司没有强势的、有独特风格的领导者，这家公司就很难形成自己的差异化战略。这将大大降低创业成功的概率。

但为强势的领导者做咨询时，咨询顾问的咨询技巧面临的挑战是最大的。因为你无法直接将自己的结论告诉强势的领导者，必须引导他得出自己的结论。否则，他很难接受你的想法。

根据管理学者艾柯夫对管理者性格差别的定义，强势领导者大多属于“主观—内在化型”性格的管理者。这意味着他们只能吸收那些能引起他们内心认同的观点，进而改变自己的决策。

激发强势管理者的思考，是最好的说服他们的办法。意识到这个情况，咨询顾问最好的办法就是不断提问，用问题引导客户，而不是奉上现成的答案。现成的答案不是强势领导者自我自考的结果，对他们来说仅仅是外部噪声，他们压根不接受来自外部的刺激。

“您认为战略是让人束手束脚的规定。那么，有没有可能，战略除了约束一家公司的团队行为外，还有其他有利于公司发展的地方？”

“我没看到，母公司制定的战略，感觉总是阻碍我们工作。袁总，不好意思，我真是这么认为的。”林总不假思索地给出了自己的答案，证明他从来没有认真思考过这个问题。

◇战略缺失会让投机行为成为标准流程

“我描述一种我认为很可能会发生的情况，比如公司团队中有位很有狼性的成员，他为了公司赢得一个大金额的订单，或者说这个订单对公司年度目标是否完成有决定性的影响，采取了一些公司不允许的非常手段，如给客户的采购提供额外的‘礼物’。

“您知道后会怎么处理这件事呢？”

“坦白说，在创业期间，我认为这种情况无可厚非。虽然我认为这种获取订单的方式不对，但创业生存期，我们也没有办法。”

“那您会不会因为这个人获得了大额订单，而奖励他、提升他的职位？”

“我想，我会的。毕竟创业时期，订单为王！”

“好，也就是说，一种不符合公司规定的行为方式，在公司里获得了奖励。

“那么，其他员工会不会效仿这个人？”

“嗯，我觉得会！”

“那么，长此以往，公司会不会从上到下形成一种意识，要想接单，必须给客户的采购额外的‘礼物’？”

“这……等公司过了生存期，我们肯定要规范销售制度。”

林总开始感到了一些不自在。

“有没有可能，等公司度过了生存期，制定出完善的销售制度之后，员工仍然保留着‘要想接单，必须给礼物’的潜规则？

“那时候，公司可能不支付购买礼物的费用，但作为销售人员，他们总有办法报销这笔费用。”

“有这个可能！”

“您觉得，如果销售团队是在这样的潜文化中成长起来的，会积累除了送礼物之外的其他能力吗？公司能通过销售人员从市场和客户那里得到什么有效的产品改进建议吗？

“公司能够最后生产出具有竞争优势，同时为客户创造价值的好产品吗？”

这一系列的问题，让林总第一次陷入了沉思。

“这么做好像不行。不过，您说的这个问题和战略有什么关系呢？”他问道。

我看了看在一旁不吱声的袁总，对林总说道：“我不太清楚母公司之前的战略管理方式，但听您这么说，我认为它是有缺陷的。

“因此，您可能对战略有了误解。战略，是帮助企业获得竞争优势，或者指导企业为客户创造卓越价值的思想和执行体系。

“刚刚我们描述的那位销售人员，通过给采购‘送礼物’获得了订单，实际上是战术行为，而不是战略行为。因为这个订单的获得，并不会给公司带来任何能力上的提升。

“公司也很难依靠这类来源获得的订单，形成企业的核心竞争力及竞争优势，更无法依赖这样的订单为客户创造卓越价值。

“战术行为虽然能帮助公司快速达成收入目标，除此之外，这种行为不能为企业带来任何知识能力上的提升，也不能为公司品牌带来任何收益，更不会培养出具有独特能力的团队。”

“所以，我们要拒绝这种订单？”林总问道。

“创业公司获取订单，如果事关生存，肯定无法拒绝。但我们可以分析订单获取背后的原因，决定是否鼓励用这样的方式来获取订单。

“同时，我们也要教会销售人员获取订单的其他方法，提升其订单谈判能力，或者新客户开拓能力，以及逐渐培养出公司的售后服务能力。

“这就是战略性的思考，在于下功夫打造一个销售的战略系统，而不仅仅将公司产品的销量依赖销售人员和采购人员脆弱的关系。

“之前，有很多公司将销售额增长放在一些超级销售身上。当这类销售人员跳槽后，企业的业务便会一蹶不振。

“又因为公司一直能通过超级销售获得订单，所以几乎从未想过要升级产品性能。一旦销售人员离职，企业业务收入下降，一时半会又无法提升产品的性能，因此关门倒闭的公司为数不少。”

“您这么一说，我觉得，过分依赖战术行为的危害很大!”

“是的，特别是在我们有母公司投入的情况下，一两个订单不能左右我们公司的生存，因此要做更多的战略思考。

“当然，您说的员工狼性也是特别重要的。但我们要把有狼性的员工引导到正确的道路上，让他们的狼性释放在对公司发展更有价值的事情上，而不是毁坏公司的前途。”

“谢谢您，我会认真思考这个问题的。”林总十分诚恳地说。

【后续进展】

意识到战略思考的重要性，这两家企业分别请我去做了一个为期三天的战略工作坊。在工作坊中，我和公司的管理者就战略工具的种类，以及各自的特点进行了充分的交流。

参加工作坊的人反馈，他们第一次对战略工具和工具背后的战略思维方式有了全面的了解，这将有助于他们在日后的管理工作中多进行战略思考。

【管理提示】

(1) 战略是塑造企业竞争优势和为客户做出价值贡献的指导思想。

因为很多大型企业和咨询顾问公司一直强调战略规划的重要性，所以，战略在众人的眼中被错误地等同于复杂无头绪的战略规划。

实际上，战略思维是企业管理者更需要的，也是更匮乏的思考武器。管理者，无论是来自创业公司还是大型企业，都必须学会做出战略性思考，进而在塑造企业竞争优势和为客户创造价值这两个影响企业价值的重要环节上做出卓越的决策。

（2）初创公司的管理者，要区分达成目标的战略行为和战术行为。鼓励和支持团队采用战略行为，而不是鼓励采取不符合企业价值观的战术行为。

无论是在初创公司还是大型企业，公司管理者鼓励什么行为，这一行为背后的价值观就会成为团队的价值观。

【咨询提示】

（1）咨询顾问在咨询服务的过程中，要注意控制输出的知识密度。

企业文化、领导力、战略、营销、人力资源、组织结构等问题，都属于非常复杂的系统性问题。复杂的问题，没有简单的答案。因此，很多咨询顾问都倾向在短短的咨询服务中，向客户尽可能多地输出知识。

实际的咨询工作中，这么做的效果很差。高知识密度的输出，需要客户有极高的知识吸收能力，未经过专业训练的客户很难做到这点。

有经验的顾问会根据客户的反馈，控制自己输出的知识密度，在一次碰面式的咨询服务中，将一个问题说清楚，比同时说很多问题，效果要好得多。

同时，咨询顾问也有义务提醒客户，重大问题都是系统性的，如果客户希望全面了解相关问题，还要进一步参与咨询。

（2）当咨询顾问发现客户（特别是一些性格比较强势的企业领导者）对某些知识有误解的时候，尽量不要直接将你认为正确的答案告诉对方。

而是要有耐心，用逻辑严密、环环相扣的问题来引导对方，激发对方思考。

如果对方只是未经思考地与你对话，咨询服务不会有好的效果。

二、我们干什么，同行就抄什么

追求差异化价值，成了企业获取竞争优势的重要举措。但在实践中，战略差异化的实现非常不容易。其中，最重要的原因就是竞争对手的跟风抄袭。一旦某家优势企业采取差异化战略让自己的产品和服务得到市场的认可，跟风者就会有样学样。

那么，如何在战略上突破竞争对手的抄袭呢？

◇被抄袭侵扰的设计公司

来访的公司是一家由设计师主导的转型企业。前身是为企业客户提供品牌 VI 设计、产品工业设计服务的公司。他们设计的产品被很多国内的著名品牌采用，公司有数位设计师的作品获得过设计界的诺贝尔奖——德国红点设计大奖（red dot）。

公司管理者在寻找新的增长曲线时，对比了他们设计的产品为客户创造的最终价值和收到的设计费，发现其中有巨大的空间。

因此，公司决定转型，设计并利用电商平台出售自己的创意产品。

“刚开始，这个想法算是成功的。公司开了一个天猫店，将自己设计的产品在店内发售，深受客户喜欢。没过多久，问题就出现了：我们做什么，竞争对手就抄什么，然后再以低价出售类似的产品。

“他们不用承担优秀设计师的高昂工资，也无须承担漫长的设计灵感到现实产品的转化时间及成本，在成本和售价上反而有优势。

“公司的法律顾问认为，我们可以通过打官司来起诉竞争对手的恶意抄袭。但由于有漫长的诉讼周期和竞争对手对专利问题的规避，我觉得单纯通过法律渠道解决这个问题恐怕不行。”

“除了寻求法律上的帮助，您还采取了其他措施吗?”

“我们在设计上下了很多功夫，例如锁扣设计、防伪标签，但这些只能起到一时的效果，很快抄袭者就想到办法来抄我们了。”

“有没有在品牌上下功夫呢? 很多公司都是靠不断提高品牌影响力来提高抄袭者的成本的。”

“这个我们也想过，但之所以做这样的转型，就是因为我们意识到了电商带来的轻品牌、快时尚机遇。我们深知，一个有效品牌的建立，需要漫长的时间和巨大的投入。

“如果我们真的有做品牌的野心，我担心会影响我们和设计客户的关系，成为自己客户的竞争对手。如果到时候品牌没做起来，传统的业务又受到巨大的影响，我们岂不是赔了夫人又折兵?”

谈话到此，好像进入了死胡同，实际上则不然。我提的这些问题看似是一些无关紧要的入门级问询，实际上却是咨询过程中必需的。

咨询顾问可以通过提出一些简单的问题，通过客户的回答来了解对方的风格和部分信息，包括客户的语言风格、逻辑思维、表达能力、知识水平等。了解这些信息，有助于咨询顾问为客户提供“对口味”的咨询服务。

通过上面的对话，你会发现这位企业管理者非常务实，同时他的表达和理解能力、逻辑能力都不错。基于此，我们就可以探讨一些系统性较高的话题。

“首先，我们要有信心，解决方法一定有。在寻找解决问题的方法之前，我需要和您先厘清一些概念。否则，我们在分析问题的时候可能无法互相理解。

“其实，解决这类问题的入手点有很多。我们需要找到目前最适合公司的入手点。”

听我这么说，他很惊讶。显然，他没有料到，原来看似无解的问题竟然有解决办法，还有很多入手点。同时，他对我的话将信将疑。

“您知道定位这个概念吗？”

“知道。定位，就是为自己的产品找到特定的客户群体，深入调查客户的品牌心智，然后按照这一特定心智模型打造自己的品牌，VI 产品设计、营销方案等方面，都要符合对特定客户心智的分析。”

◇战略定位还是品牌定位

“您说的是品牌定位的概念。其实，在战略领域里还有一个概念——战略定位。

“简单来说，战略定位需要回答的问题有：公司的业务是什么？目标客户是谁？应该向他们提供什么特征的产品和服务？

“品牌定位主张先对目标客户进行研究，了解其品牌心智，然后反过来思考公司的业务该如何开展。品牌定位主要思考后面两个问题，并认为当企业对后两个问题的研究足够深入之后，第一个问题便迎刃而解。

“战略定位是从公司本身能够积累的优势出发，思考自己能为什么样的客户服务，进而研究客户的需求。战略定位除了要思考客户是谁、他们需要什么样的产品和服务，还要考虑公司的业务是什么，思考的顺序也是不同的。

“这种看似无关紧要的思考顺序的差别，实际上特别关键。因为客户的心智模式较为多变，难以捉摸，而品牌定位是一种静态的思考方式——你只能对特定时间点的客户心智进行研究。

“在变化激增的时代，很多企业刚刚对客户进行了研究就发现，他们还没来得及调整公司的经营方式，用户的心智又发生了变化。

“而战略定位更多的是考虑公司有什么样的资源禀赋及优势能力，用什么样的产品来满足客户的什么需求，试图以公司最具优势的产品和服务来引领客户需求，激发其潜在需求。”

“现在问题来了，到底哪种定位最能防止竞争对手抄袭呢？战略定位还是品牌定位？

“日本学者楠木建认为，从定位这个角度来思考差异化优势的保持时，战略定位比品牌定位更有效。

“他认为，从企业自身出发拟定的独特战略定位，会让公司按照竞争对手看不懂、觉得不合理的战略来开展经营，让竞争对手认为公司的思路有问题，等竞争对手发现其背后的合理性时，已经来不及追赶了。

“与此相反，品牌定位则会引来广泛的抄袭。”

◇西南航空公司的启示

“楠木建认为，西南航空之所以能实现廉价航空战略，并获得持续的盈利，在战略上最关键的是：西南航空不飞大型中转机场。

“任何航空公司都希望能通过在航线中设计大型中转机场作为中转点，提高飞机利用率。比如国内很多航空公司是这么设计航线的：一架飞机，上午由深圳飞北京，下午从北京飞上海，晚上从上海飞深圳。

“上海、北京、深圳都是大型机场，中转旅客很多，这样能卖出去机票。

“但这些机场也最忙，所以，飞机起降的数量很多，就造成一架飞机在机场中转的时间增加，反而降低了中转效率。

“西南航空公司在美国的中小城市直飞，以中国的城市举例，西南航空的航线设计往往是这样的：石家庄飞秦皇岛、秦皇岛飞汕头、汕头飞珠海、珠海飞景德镇等。

“这些小城市虽然乘坐飞机的客户很少，但相对于大城市来说，机场使用的成本、飞机的起落等待时间、乘客对服务的要求都非常低。

“也就是说，西南航空的竞争对手不是其他航空公司，而是在小城市之间穿梭的长途大巴，它的票价甚至可以低于大巴的票价，而且还能盈利。

“西南航空设计了这样的差异化战略之后，取得了巨大的成功。这时，竞争对手，也就是其他航空公司开始学习西南航空，先后推出了廉价航空。

“但没有一家能像西南航空一样，收超低的票价还能实现盈利。这些竞争对手先后都停止了廉价航空的尝试。

“为什么会这样呢？原因在于想与西南航空竞争的其他廉价航空公司的管理者都默认：飞大型中转机场是航空业的常识。这些管理者知道西南航空不飞大型中转机场，但认为这是一个错误。他们认为，西南航空犯了大错。

“所以，不采纳和西南航空一样的战略。”

“真精彩！那么，如果这些人采纳和西南航空同样的策略，是不是就能取胜呢？”

“这也未必！您想一想，一些人口数量很少的城市，每天坐飞机的人就那么多。如果别的航空公司也直飞小城市，就会与已经建立了品牌优势和成本优势的西南航空去竞争一个接近饱和的市场。

“他们是无法盈利的。这些航线上城市的选择，让整个市场空间里只能存在一家西南航空，容不下别的航空公司。否则，就会引发恶性竞争。

“真精彩！的确，这看上去不合理，实际上却有合理性的战略设计，让西南航空一下子就打中了任何想要进入廉价航空领域内的竞争对手的七寸！”

“战略的差异化定位，是设置竞争门槛的一种方式。看似不合理的战略举措，即使有竞争对手来对标，也是徒劳。”

“还有其他方法吗？”

◇两大战略思维体系

“战略思维体系大致可分为两大类：第一类是关于竞争优势的主要战略理论；第二类是关于价值创造的战略理论学说。

“第一类战略理论关注打造企业的竞争优势，其中包括产业定位学说、战略承诺学说、资源本位企业管理、效率学说、超级竞争学说和动态能力学说。无论上述哪种学说，其主要目的都是要打造企业卓尔不凡的竞争优势。

“也就是说，从任何一个角度出发，都可以解决公司目前存在的问题。”

“您能不能详细说明一下?”

“我们结合您公司的实际情况来说明一下，公司有哪些入手点可以逐步建立竞争壁垒。

“刚刚我们说的战略的差异化定位，实际上是来源于产业定位学说的一个研究分支。那么，从战略承诺学说中，我们也有办法防止竞争对手对我们的恶意抄袭。

“所谓战略承诺，就是指公司可以通过做出一些不可撤销的巨大投资，让竞争对手知道，我们的战略意图不是闹着玩的。具体到公司做产品这个部分的业务，抄袭我们的产品的都是一些中小型企业。大企业不会抄袭我们的产品，毕竟大企业会因为违反知识产权法而付出较高的代价。

“要吓退这些中小企业，我们可以投资与全国最大最优秀的知识产权法律顾问公司达成合作，并对外宣告这种合作。我们还可以投资打广告、建立线下门店渠道、投资购买生产设备、收购工厂。这些都是不可撤销的投资，是对这一新型领域势在必得的战略承诺。

“当公司做出战略承诺后，抄袭者就会知道，如果自己还采取抄袭行为，势必会受到严重的打击。

“资源本位学说，指的是公司利用自身的资源禀赋，比如公司独有的设计师资源、生产资源或者其他资源，如媒体广告采购资源，来建立独特的竞争优势。假设我们可加快设计新品的效率，每个月推出一款新品，竞争对手还没来得及抄袭，我们就宣称有了升级产品，让竞争对手总是在我们后面跑。这是利用我们积累的独特的设计师资源，以及公司设计、生产、销售等环节的一套组合拳形成的核心竞争力来实现的。

“效率学说，是指提高公司的生产效率，不断降低产品的成本，让抄袭者无利可图。抄袭者之所以抄袭，往往是因为咱们公司创意产品的售价较高，而他们可以仿制出低价的产品。如果我们降低价格，接近甚至低于他们的仿品，他们就没有动力去抄袭了。

“超级竞争学的意思是企业要在 7 个维度上和竞争对手发动全面的竞争。采取这种战略的企业要处于行业的强势地位，不太适合我们当下的情况。

“动态能力学说，是指企业要有不断重塑核心竞争力的能力，能够对未来的发展和客户的潜在需求进行精准的预测，即时调整企业的内部的流程、资源分配、人员知识等资源，与环境的发展动态契合。这对企业的要求比较高。”

“您认为，我们这样的公司适合从哪类入手点开始呢？”

“这很难说，我需要先对企业进行一些深度的了解，才能提出较为完善的建议。同时，很多公司不再对长久保持竞争优势感兴趣。相比之下，更倾向通过为客户贡献卓越的价值来增强客户黏性，建立持久的优势。

“比如很多电商品牌为客户定制创意产品，还有一些盲盒品牌，也是从创造卓越客户价值的角度出发的。这类公司的思考方式不是和别人竞争，而是和自己竞争。他们只关注自己能给客户带来什么价值，而不太关注竞争对手干了什么。

“这些企业提出自己的独特价值主张，并将其打造得尤为突出和尖锐，使得具有相同价值观的客户一眼就能喜欢上它们的产品，客户根本不屑购买价格便宜的仿制品。同时，产品更新迭代的速度也很快。”

“谢谢您，我原本以为公司没有好办法来对抗这种恶性抄袭的对手。经过这次碰面，我才知道有很多方法和入手点可以解决此类问题。”

【后续进展】

在应邀对公司进行了为期一周的调研后，我和公司的管理者梳理了能提升竞争优势的战略框架，并详述了每个执行的关键点。

最终，公司采用了“盲盒”营销思维，再结合自身对产品的理解和创意设计，迅速在电商平台上实现了销售额的快速增长。同时，公司自身的发展，彻底挤压了恶意抄袭者的生存空间。

【管理提示】

(1) 热爱学习的管理者，注意不要被流行的理论迷惑。

在案例中，企业管理者对杰克·特劳特的定位理论非常熟悉。因此，他听到定位两个字，就认为是杰克·特劳特的品牌定位理论。

实际上，战略定位和品牌定位虽然共用了定位一词，理论的含义却有巨大的差别。有些理论工具因为受到企业培训行业、咨询顾问和管理杂志的追捧，变得非常流行，例如阿米巴、OKR 等。

管理者要区分理论工具的流行和它能否给公司带来改善，是完全不同的两个话题。管理者在公司里的任何实践，都应该是以为公司的经营带来改善为目的，采取哪套工具，是实现这一目的的手段。千万不能因为对某个理论工具崇拜，而将其套用在自己的公司。

把手段当成目的，会给公司带来极大的损失。

(2) 解决难题时，需要先做周密的思考。

管理者在遇到看似难以解决的顽疾时，应先做周密的思考而不是立即采取行动。任何顽疾解决背后，都需要一个较为系统的方案。急于行动的管理者，往往只看到系统方案中的一点就开始行动，发现没效果之后就抛弃这种方法。

殊不知顽疾的解决需要不同的方法组合起来，按照相应的时间顺序或者视角有步骤地实施。

(3) 任何创新思维，寻找第二曲线的活动，都是战略上的调整。

当企业管理者产生了一个创新的商业想法时，要从战略上对其进行思考，衡量其可行性。

案例中的管理者坦言，自己一开始只看到了设计服务费和客户的销售收入之间巨大的收入差，却忽视了客户公司为了获得这个收入差而具备的能力及付出的努力。所以，才会被恶意抄袭者的抄袭行为困扰良久。

【咨询提示】

（1）咨询顾问要有透过简单问题，快速了解客户特点的能力。

这要求顾问在咨询过程中，将所有的注意力都放在客户和他的问题上，不能分神考虑其他事情。

有些顾问急着向客户显示自己的专业程度，还有些顾问会思考如何让客户下决心聘请自己做更大的项目。

这些杂念都会影响实际的咨询效果，反而降低了进一步合作的可能性。

（2）咨询顾问需要有格栅的知识体系。

虽然未必每次咨询都要呈现出来，但咨询顾问要有格栅的知识体系。它能确保你为客户找到最好的解决办法。

（3）当你不得不给客户讲述很多对他来说较为陌生的知识时，注意要从他熟悉的开始，每一步都要确认他能明白你讲述的内容。

案例中，我从“定位”这个词开始和客户讲解不同的战略学说，原因是我知道设计师出身的客户对定位有一定程度的了解。当然，事先我和他确认过这一判断。

咨询顾问可以做出很多猜测，但猜测究竟是不是事实，你需要不厌其烦地确认。

三、到处都是机会，到底该选哪一个

当你在一个行业里待久了，又有创新的眼光，就会发现自己所处的行业处处都是机会。面对这么多的机会，到底选择哪一个作为新的增长点或者创业项目呢？

要知道，很多风险和陷阱是伪装成“机会”出现的。如果风险和陷阱一开始就露出自己本来的面目，谁又会靠近它们呢？它们一定是伪装成“机会”，才能对人产生吸引力。

这就留给了我们一个重要的问题：如何判断一个机会是真正的良机而不是伪装成“机会”的陷阱呢？

战略思维可以大大提升你的洞察力！

◇满眼都是机会

来咨询的是一位来自中国台湾的女士，2003 年来深圳兴办高端月子会所。经过十多年的努力，公司旗下的会所在高收入人群中赫赫有名。

由于公司是以家族式企业为主要管理方式，2020 年拟拆分股份，各自转型为现代化企业，完全依照现代企业的管理制度来运营。

她认为，在行业中孕期护理、孕妇餐、孕妇用品、高危孕产护理等项目上，都有巨大的发展良机。之前因为家族式的管理，部分股东小富即安，对扩大企业经营规模不感兴趣，所以才造成了企业增长乏力。

如今，她决定带头创业。

“董老师，我们在十多年的经营中，打造了很多特色服务项目。在哪个服务品类上都具有一定的优势。随着月子会所行业竞争激烈，像以前一样以月子会所的方式从事孕期护理的全盘业务投资太大，初步投资高达数千万元甚至上亿元（规模不同，所需投资额差别巨大）。当扩大经营的时候，也是很重的资产模式。如果采取加盟商的模式，当品牌加盟会所数量过多时，又会影响管理水平。

“所以，此次创业，我希望能选择某一个服务环节，成立以公司模式而不是会所（店面）模式运营的新团队。

“但难题是，我觉得任何一个环节都有优势，很难取舍。”

“月子会所是随着经济增长而带来的消费升级需求所孕育的产物。高端月子会所费用不菲，但却可以缓解女性在生产时受到的压力，同时能很好地帮助女性产后恢复。”

“会所的服务肯定是综合性。您的意思是说，二次创业不想再以会所的方式展开，而是希望从事综合性服务中的一环，服务更多的女性，是这个意思吗？”

“没错。会所的经营非常综合。专业会所的管理难度甚至高于五星级酒店的管理模式。酒店只涉及给客人提供良好的居住环节，而我们要照顾孕妇，责任重大。”

“目前，您所有的工作经验都是基于会所的管理形成的吗？”

“是的，我负责具体的运营管理，所以，对相关的服务环节非常熟悉。”

即使客户明确表示自己对会所里相关的服务环节，比如在孕期护理、孕妇餐、孕妇用品、高危孕产护理上积累了一定的优势。但有经验的咨询顾问应该知道，在一家会所里提供相关服务和将这些业务中的一个独立出来，单独推广是两回事儿。

显而易见，在会所里，客户的支付是一次性完成的，所有的服务环节是以套餐的方式提供给服务对象——孕妇。此时，公司的管理者不需要为每项服务单独定价，只需要确保服务的品质——安全、健康；如果公司管理者要将其中的一项服务独立出来，此时业务的主要对象是其他同类的月子会所或者孕妇家庭，就必须考虑既要确保服务的质量，又要给予合适的定价，让主要客户，也就是月子会所觉得与其自己运营，不如外包给别人。

这意味着单项服务的性价比必须很高。

同时，从对话中，可以发现客户并没有意识到这一点，顾问必须提醒她思考这些。

“您觉得独立出来的服务项目，主要客户是谁?”

“这个我有想过。因为我们有非常高的护理服务标准，在行业里积累了较好的口碑。所以，其他品牌的月子会所，甚至有一些连锁会所，都会成为我们护理项目的客户。

“此外，孕妇用品、配餐这些项目，主要客户可能是准妈妈们。”

“护理项目有没有可能直接做成针对孕妇的服务产品?”假设会所的护理项目是向外采购的，那么会所本身就成了一个中介性质的公司。

“这个很难。我们把护理项目分为两类：第一类是一般护理，这种护理服务一般在产后发生。现在很多月嫂可以在产后 1 ~ 2 个月为产妇提供护理服务。第二类是高危护理，比如年纪超过 35 岁的妈妈，可能在产前半个月到产后 3 个月需要这种高危护理服务。

“因为是高危，大多数妈妈都选择去会所，而不是在家接受服务。会所里面会提供产后康复、心理咨询、产后塑身等一系列服务，也有相应的器材。比如有些年纪大的妈妈，生完孩子会腰疼，就要用一些中医理疗的办法来缓解。”

“这是否意味着护理项目不适合独立出来?”

◇机会中的难题

“表面上看是这样，可是护理项目才是孕产妇服务最大的刚需，其他都是边缘项目。比如孕妇营养餐，很多人认为家里有个会做饭的老人就可以搞定了。虽然我们提供的是科学餐饮，尽可能保持孕妇营养均衡。很多孕妇都是营养过剩，导致胎儿太大，很难顺利生产，产后还要花大力气减肥。但是孕妇餐这个项目，还是被客户认为是可有可无的。

“孕产妇和婴儿用品项目是个大项目，很多大牌厂商早就在这个领域经营得有声有色了。虽然我们有一些小众产品非常有优势，但很难确保有足够的竞争力和大品牌竞争。

“我曾经做过调研，来会所的孕产妇，都认为最稀缺专业护理服务。有些人生完孩子，有产后心理问题，在家里太吵了就会很烦躁；有些人认为服务水平高的月嫂不好找，就算找到了费用也高，还不如到会所，什么事都不用操心了。

“特别是金领家庭，丈夫要在外工作的。”

很多时候，优秀的从业者本身有关于解决问题的答案。他们需要的是一个讨论对象、有效的提问。这些活动，足以帮他们想清楚自己公司的战略选择。

“所以，针对护理项目，会所的存在有非常大的价值。”

“这点无可否认，但我们不想再以会所的模式创业了。”经过分析，对方显然意识到，自己看上去别无选择，只能再做一家会所，但仍不死心。

“为什么您会这么抵触做会所呢?”

“会所投资太大，资产模式太重，而投资回报率不高，很难扩展。”

“您说的这些我可以理解。孕产妇到会所的时间在一次怀孕周期内不会超过 3 个月，或者说很少超过这个时间。一旦孕产妇离开了会所，便很少与会所的业务产生关联——消费频次低。

“另外，会所是有固定地址的。凡是有固定地址的店面，服务的范围不可能太广。假设一个孕妇家住在罗湖区，你很难让她驱车 30 公里来南山区的会所坐月子。特别是当她家周围 5 公里范围内就有一家月子会所的情况下，更加不会来南山区。

“所以，会所模式的客户覆盖范围有限。

“消费频次低，客户范围有限，长此以往，如果人口不剧烈流动，就没有客户来源了。”

“难道做这行的就找不到新的增长方式了吗？”

她已经认识到，所有她觉得有机会的项目，似乎都没有做大做强的机会，都是一些伪装成“机会”的陷阱。

◇排除伪装成“机会”的陷阱

“这没什么，不过是以前大家在思考公司经营时，多数时间只是将精力放在战术思考上，缺乏战略上的思考。所谓的战略思考，除了对一些战略工具的应用，还要考虑企业如何持续地创造超额利润。这是战略思维的终极价值。

“会所一开始很赚钱，所以我们就经营月子会所。但从未仔细考虑过，再过 5 年，会所还能否持续盈利？以什么方式盈利？还能为客户创造什么价值？”

“只要做了这方面的思考，就会发现端倪：消费频次低，覆盖范围窄，限制了月子会所的长期发展。”

“我们还有其他方法吗？”

“有的！无非是选取那些能够提高消费频次、拓展覆盖范围的项目。然后，再看看自己是否在这样的项目上有足够的差异化优势，以及以什么样的方式来把战略落地。”

这句话，让她陷入了沉思。

“消费频次高，在我们有优势的项目上，孕妇餐和母婴用品显然要比护理消费的频次高。从覆盖范围来说，母婴用品覆盖范围最广，甚至可以通过电商渠道卖到全世界。孕妇餐的覆盖范围也可以很广，不过略微要求一些重资产投入。而护理项目因为消费频次低，所以覆盖范围必须广。因此，月嫂就很有优势，月嫂不用考虑服务场所的问题，服务场所就是客户的家。

“这么一分析，在消费频次和覆盖范围上，母婴用品和孕妇餐显然比护理有优势。”

很快，她就对自己的项目做出了分析。

“您分析得很对！接下来，我们就要看在哪个项目上更有优势。不过，谈到优势，我需要先澄清一下。

“很多人认为自己有优势，是因为在行业里做了多少年，积累了很多经验，这就是优势。还有人认为自己的优势是有丰裕的资金，或者是有相应的人脉关系。

“其实，这些都不算核心竞争力。做了很多年，不意味着自己对行业形成具有差异化价值的想法。没有差异化价值的想法来支撑的经验是墨守成规，是创新的包袱而不是优势。

“至于丰裕的资金和人脉关系，往往都是成功者不难拿到的。如今，风险投资会求着那些展现出赚钱能力的企业给他们投资的机会，而不是反过来。人脉关系也是互惠互利的，甚至可以说，你帮助的人越多，人脉就越广。

“到底是什么优势呢？就是对这些问题的回答：你对自己的项目，有什么独特的看法吗？你觉得现有的做法有哪些不好的地方？你想怎么改进它？客户会因为你的改进而有价值感吗？这些价值感会让客户愿意承受溢价吗？有没有哪些价值能让客户离不开你？

“对这些问题给出的与众不同的答案，构成了竞争力的来源。

“然后是执行，从而形成更高级的核心竞争力。核心竞争力是一种能力，而不是实物资产。

“经过分析，您觉得自己在哪个项目上最有竞争力？”

“董老师，这么一看，好像我们认为自己有优势的地方都不是真正的优势啊！”

“优势一定有的，只是您还没来得及仔细深挖自身优势的价值！”

受到鼓励，她开始思考上述问题，在笔记本上写写画画。

◇寻找真正的优势

大概过了二十分钟，这位公司的管理者说道：“按照这些问题，我觉得就目前来说，我们最有可能形成竞争力的项目就是孕妇餐。

“首先，我对传统的孕妇餐有完全不同的看法。大多数家庭在做孕妇餐时，关注的仅仅是营养是否足够丰富，而忽视孕妇实际的营养需求。很多专业的孕妇餐虽然营养均衡，但口味寡淡，让人难以下咽。

“怎么改进现状呢？我们可以提供一款为不同的孕妇量身定制的供餐计划。计划中，我们可以结合客户的实际营养需求（通过观察孕检B超报告和孕妇的营养检测报告）、口味偏好、实际年龄、平日的运动量数据等，为孕妇调整餐饮计划。

“我认为只要能做到这些，客户一定会有价值感的，因此乐意接受一定程度的溢价。但我们也不想赚过多的利润，价格过高就会影响推广。

“如果前期的客户能够因此在整个孕期中，吃得既有营养，口味需求又得到满足，同时在确保胎儿健康的情况下不至于过大，有利于顺利生产。我相信客户没有理由不接纳我们。

“我们还可以将月子餐包括在内。那么一位孕产妇大概在一年之内都要成为我们的客户，离不开我们。这既保证了消费频次，又有足够的覆盖范围。”

“您说的真是个好项目！”我鼓励道。

“同时，我们还可以开发一些菜品，寻找一些优质的食材商。如果客户满意，谁又能知道就算她坐完月子就不需要我们了呢？

“也许整个哺乳阶段都需要我们照顾。这就看我们能否将这个孕妇餐计划研究清楚，落实下去了！”

说着，她很轻松地笑了起来。显然，她觉得做更专业的孕妇餐是她二次创业可以选择的一个重要方向。

【后续进展】

公司的管理者回去后，推翻了自己在现场得出的结论。经过综合考虑，她决定在母婴用品这个领域里寻找机会。不过，通过这次咨询，她形成了一套具有战略思维的自我判断项目价值的方法。

后来，她回到中国台湾，积极寻找小众的母婴用品，去检查落实若要启动母婴用品项目所需要的基本条件。

到本书撰稿时，因为新冠疫情和其他原因，她的项目并没有真正开始。不过，学会判断项目的可行性，学会了解机会背后的风险和陷阱，让她未来的路一定会越走越宽。

【管理提示】

（1）管理者要对交易场景的变化有足够的敏感度。

案例中的管理者不想延续月子会所这个与客户发生交易的场景，而是想要将交易变成为其他会所或者客户直接提供服务。

交易场景发生了变化，却没有敏锐地发现不同交易场景对产品和客户的交易心理有很大影响。同一个服务项目，在会所的交易场景下，属于公司为客户提供的诸多服务中的一环。这一环节略有缺陷时，客户可能会因为其他环节的优良品质而忽视不好的感受。如果一家公司单独从事服务链条上的某一环节，就要对服务产品进行更深入的研究。

交易心理上，客户如果单独对服务链的一环来埋单，就会对该环节更加挑剔；如果对整体打包的服务项目付费，则会考量整个服务链条是否让她满意。

最重要的是，当交易场景发生变化时，客户这一角色可能会发生重大变化。虽然所有服务项目可能最终针对的都是孕妇，但在新的交易场景下，也就是成立公司专门提供一种服务，部分客户可能会转化为其他会所。这些会所型的客户，除了在乎服务质量，还在乎采购服务成本。如果案例中的公司提供的服务没考虑其他会所对成本的要求，可能会遭遇失败。

因此，企业管理者需要结合新的交易场景重新构想自己的战略。

（2）战略思维有助于企业管理者看得更长远。

战术思维能力是否足够优秀，决定了企业下个月的业绩；而战略思维能力是否足够，则会决定企业三年后的命运。

很多企业管理者精于战术思维，疏于战略思维，就会兴致勃勃地做一件根本没有前途的事情；或者把一件非常有前途的事情，当成投机机会。

（3）企业管理者需要想清楚了再行动。

当时间紧迫，容不得细想就要采取行动时，先把最差的后果想清楚，如果能承担，就行动；承担不了，立即放弃。如果时间很充裕，要多想想、多看看，列个清单，尽可能地将公司业务落地所需的条件都考察一番，采取行动时，就能更加从容，成功概率更高。

【咨询提示】

（1）咨询顾问要鼓励客户深思。

在咨询实践中，咨询顾问能给客户带来的最大收益就是激发他思考。

如果他没有思考的方向，你可以提供一个，但不能代替他思考。一个人永远无法真正理解另一个人面临的处境。所以，没人能替他人做出完善的思考。

把这个权力交给客户，咨询顾问尽量提供帮助。

（2）适当地运用沉默。

咨询服务不同于培训工作，要适当地运用沉默。特别是当你成功地激发了客户思考，要给他足够的时间想清楚，鼓励他得出结论。

千万不要以为咨询服务就是客户问什么答什么。不理解客户处境的顾问给出的回答，80%都是错的、不能被执行的、无效的。

（3）学会鼓励客户。

当客户在咨询过程中陷入思考困境或者想出好办法时，咨询顾问要鼓励他们，并激发客户的进一步思考。

有些没有经验的年轻顾问，在咨询过程中总是打击客户，“不对”“不是这样”“这样不行”，他们总是说出这些含有否定意思的话。

四、这个行业还应该坚持下去吗

企业的发展战略要在保持战略定力和灵活度上达成平衡。一个清晰战略的执行需要较长的时间才能看到效果。执行期间，可能还需要不断磨合调整，需要坚持。

同时，企业也有可能在一开始就选择了错误的战略，或者原来成功的战略不能适应新的环境。这种情况下，不仅不该坚持到底，还应该即时止损，寻找新的战略方向。

那么，在保持战略定力和及时转型的决策上，我们该如何做出选择呢?

◇中介价值的消失

当互联网和数字化进入金融体系时，各大互联网公司都因为成功获取了用户的注意力，进一步通过平台撮合，打破了信息不对称。这让传统的中介业务受到巨大的影响。

中介公司，无论是房地产中介、贷款中介还是保险代理人，其主要的价值贡献就在于用“撮合”的手段来打通信息传递的途径。

金融行业利用互联网信息传递效率高，信息搜集成本低廉等优势，逐渐对贷款中介这一商业角色提供的价值产生了巨大的影响。

参与咨询的公司专门从事抵押贷款业务，企业管理者因业务下滑厉害，多方咨询相关商业顾问，得出的结论都是：这个行业不值得做了。

“我们问过很多人，包括一些特别著名的商业顾问。总之，观点都是这个行业不值得做了。

“但我们在行业里做了这么久，贸然放弃，真不知道还能做什么?虽然很多人都说贷款中介必然消失，但我仍心有不甘。

“这次来深圳，就是想了解一下您怎么看这个问题?”

“在阐述我的观点之前，我想听听您对某一行业是否还能存在有什么理解?”

“我觉得，一个行业如果没有客户需求就会衰弱。比如以前农村有很多赤脚医生，专门为老百姓治疗一些头疼脑热的小毛病。如今，随着医院、医疗社区的普及，赤脚医生这个角色就消失了。

“小时候，还有卖货郎。如今网上下单这么方便，卖货郎也就消失了。

“所以，我咨询过的人认为，未来互联网和数字金融科技，势必会取代我们这个行业，而且变化会很快发生。他们认为，如果银行能用自己的手机网银直接接触贷款客户，根本就不需要中介。”

“您认为他们说得对吗?”我觉得公司管理者既然这么坚持，肯定有自己的道理。

“我认为大趋势一定是这样的，但有个问题。我们从接触客户到搜集资料、贷款签发，要走很多流程。不是每个客户的贷款资质都是良好的，有些客户的征信报告及资产情况是不适合贷款的。

“这么说吧，我们接触 100 个客户，最终能顺利被银行批贷的也就 1 ~2 个。

“其中，大量的客户要么流失了，要么随便打听一下，更多的客户是贷款资质不够。

“银行哪有人手来做这些事呢?即使做，银行的人员成本也会比我们高。

“所以，我觉得我们的工作还是有价值的。”

显然，企业管理者看到了业务的复杂性，以及银行的高人力成本，但这些随着技术的进步都是可以克服的。只要相关的数据打通，业务的复杂性完全可以用数据分析算法来解决，而在人力资本时代，凡是被当作成本来看待的人力，都会被算法取代。

不过，取代的过程要多久，这是一个值得思考的问题。

“能处理复杂的业务的确是有价值的。贷款事件的发生，从挖掘、筛选客户到资料提交及过审核，在技术相对落后的情况下的确是非常复杂的。

“但您有没有想到，技术的进一步发展可能会简化这个过程。区块链和大数据技术的发展，会不会大幅度降低客户筛选的难度？”

“这正是我们担心的，总感觉当下的业务模式，不知道什么时候就被颠覆了。”

“技术的普及是有时间的。一般新的基础技术从萌芽到实际产生有效的应用，要 5 ~ 10 年的时间。

“此外，您还提到了我们公司能贡献价值的另一个原因是人力成本比银行低。

“这个您认为能持久吗？”

“这个我认为能保持相当长的时间。因为我们公司员工的薪资构成是底薪 + 提成制度。只要客户能够支付贷款服务的相关费用，虽然我们的员工底薪低，但总体收入并不低。

“当然，最后事情没做成，贷款没批，公司也不会有太大的成本负担。”

“这样看来，目前让我们公司管理者产生危机感的主要原因是技术发展带来的未知。因为技术如果真的简化了贷款流程，客户自然不愿意支付相应的佣金了。这样，我们目前所拥有的低人力成本的优势也就没了。

“是不是这样？”

“没错，您说得对。人力成本的确不算优势，或者说这种优势依赖复杂的业务。如果业务真的简化了，就没有人力成本的优势了。”

“也就是说，公司目前能够贡献的唯一价值就是业务复杂性高，可以这样理解吗？”

“是的！”

“好，我们有没有什么办法能够提高业务的复杂性？即使区块链和数字金融真的实现了，还能保持高复杂性的业务模式。”

听我这么说，对面的企业管理者眼前一亮。

“让我想想！”

◇寻找新的价值点

以贡献卓越价值的战略思维抽丝剥茧，我们很快就能找到自己企业提供的核心价值。如果这个核心价值的基础被动摇了，那么，其价值就会随着基础的消失而消失，企业当然不复存在了。

要保留企业，其底层逻辑是要保留或者延伸甚至再造企业的核心价值。只有找到提供新价值的途径，才能让企业存在下去。

“老师，目前有个复杂的业务——中小企业的贷款对我们这些从业多年的人来说很复杂。很多银行虽然很想做这方面的业务，但一样惧怕其复杂性。这部分业务无论是从国家政策还是实际需求，都非常旺盛。因为中小企业没有抵押物，所以银行担心自己的贷款收不回。

“此外，银行对中小企业的风控能力其实并不高。

“因此，这个业务要比个人贷款复杂。虽然目前国家出台了一些相关政策，将给企业的贷款以经营贷的方式转化为企业主的抵押贷款，但这是远远不够的。

“如果企业主早就因为缺乏经营资金而将房产出售了，就没有办法拿到低息的经营贷。有些公司，特别是科技类公司，发展前景巨大，但没有银行观念中的硬性抵押物，也很难通过贷款融资。”

“那么，银行会支持我们开展中小企业的融资业务吗？毕竟我们的资金来源要以银行审批为准。”

“据我所知，民生银行在这方面做得不错，也因为类似的业务赚到很多利润。

“其余的银行应该还没有大幅度开展给中小企业的贷款业务。

“但我认为，这是一个未来有机会的领域。就像您说的，这项业务足够复杂。区块链也好，数字金融也好，对企业的渗透应该没那么快。

“况且很多企业的运营很复杂，有些不良中介借助国家对中小企业的相关政策，套用经营贷给私人贷款，反过来进一步加剧了中小企业融资难的问题。

“如果我们能够深入研究中小企业，实地走访客户，说不定能够找到新业务的机会。”

“您能想到这个创新路径非常好！可是，要将这件事落实下去，您觉得还需要什么条件？”

“我们有很丰富的客户资源。曾经有很多中小企业主来找我们寻求过贷款帮助，但那时候我们没有办法帮助他们。公司有个好习惯，我们会记录所有接触到的客户信息。

“此外，在客户宣传方面，我们也是有办法的。公司的大股东原本是银行的省级高管，对金融政策和公司金融思维的理解非常深。我们完全可以通过邀请中小企业主参加公司主办的金融相关的峰会来获客。

“目前我们缺乏的就是对企业融资、公司金融在执行层面上有深刻了解的专家。这类专家可以将业务人员搜集到的企业相关信息汇总，形成模块化的金融模型。

“然后我们就可以依据金融模型来创新金融产品，为客户提供综合的融资方案，不只是依赖银行。

“老师，这是个不错的想法。我们可以做一些更复杂的事情，来提升我们的价值。”

“不过，提醒一下，公司当然可以研究诸如中小企业贷款、公司现金理财等方式。但中国的大部分金融创新产品都会受到政策的监管。因此，要想在这方面获得成功，不是一朝一夕之功。

“公司势必要考虑在创新上的投入，还要考虑这些投入可能不会带来收益。那么，公司股东有没有想好如何确保持续投入呢？”

“新项目的投入，例如企业调研费用、金融创新费用应该不会太大。此外，我们现有的贷款业务还能给公司带来利润。但您说的是，任何金融创新产品都会受到监管，就算我们真的找到合适的模型，也未必能立即运作。”说到这里，他有些失落。

“我们回到最初，如今，您担忧的是公司未来的出路，而对我们现有业务影响最大的应该是技术创新给贷款行业带来的颠覆。

“现有的业务是公司的现金牛业务，而我们希望寻找新的增长点，但对新的增长点能否带来增长并不肯定。

“所以，此刻我们必须对现金牛业务进行分析，看看能否尽量延长它的衰退期，这样公司就能在寻找新的增长点时，持续投入资源。”

◇蜜糖模式和清水模式

“一方面，你可以用波士顿矩阵分析公司现有的业务和一些你想开展的新业务。

“另一方面，我可以给你一个建议，技术的普及，很可能是一种蜜糖模式而非清水模式!”

“我知道波士顿矩阵，蜜糖模式和清水模式是什么意思?”

“所谓蜜糖模式，就是假设你在一个水平的桌子上持续向下倒蜂蜜。蜂蜜在桌子上的扩散模式一定不是均匀的，你倒蜂蜜的那个点上，肯定是最先有蜂蜜的。随着持续倾倒蜂蜜，它一点点地扩散出去，直到铺满整个桌面。

“清水模式则不同，如果我们倒出来的不是蜂蜜而是清水，那么很快水就会布满整个桌子。”

“这个比喻很形象，就像央行在给出金融政策，比如利用降准、降息来调节资金量时，作用也不是一下子就显现的，而是经过缓慢的过程，市场里的资金量才会增加。

“技术的推广也有这个特点?”

“没错。特别是当一项技术对原有成熟体系进行渗透和改革的时候，倒出来的蜂蜜相当黏稠。

“如果我们能在现在刻意关注一些边缘市场，比如二线、三线城市，甚至较为发达的农村地区，可能就会延缓技术创新对业务产生的影响。”

“我明白了。您的意思是让我们用现有的模式，在竞争不那么激烈但有需求的，之前被我们视为边缘市场的地方贡献价值。因为高新技术的实践可能先在交易量大的城市推行，但没那么快推广到全局。”

“没错，这样我们就能延缓原有业务衰退的速度，支持我们研究和发展新的业务模式。”

“我觉得市场需求是有的。只不过这些需求曾经被一些非法贷款模式覆盖了，如果我们能够针对这些需求创造一些新的业务模式，也许能做成更大的事情。”

“是的，我相信金融绝不仅仅是目前这些形式，一定还有创新的机会。”

“只要我们能找到贡献价值的方式，就不应该放弃。反过来，如果我们在一个领域中无法贡献价值了，就应该果断放弃。”

【后续进展】

公司专门成立了金融创新团队，开始接触中小企业相关的贷款业务。他们开创了一些新的业务模式，如为有确定回款周期的电商，以及跨境电商企业提供低息资金周转业务，很快成了企业收入新的增长点。

【管理提示】

（1）判断一件事能否坚持下去的标准是：它能否持续创造价值。

为客户创造卓越价值，是战略思维中最重要的落点。当选择开展或终止一项业务时，我们要详细考察自己的工作能为哪些客户创造什么价值？我们创造价值的方式是什么？成本几何？效率如何？客户对价值的关切度如何？

认真回答这些问题，而不是死守自己拥有的优势，就不会被时代淘汰。

（2）管理者要对一些最基本的战略分析工具有所研究。

案例中提到的波士顿矩阵，以及 SWOT、PEST 分析等工具，对企业管理者，特别是战略管理者来说都是非常重要的工具。

（3）当大部分人都否定你的时候，也许就是新机会来临的时候。

案例中的企业管理者曾经被业内业外的很多资深人士否定，认为贷款中介公司是一个“有钱就快赚”的夕阳产业。

其实不然，永远有尚未被满足的需求，缺乏的是满足这些需求的好办法、好方式。

【咨询提示】

（1）客户可能在见你之前已经见过很多资深人士了。

咨询顾问遇到这种情况的概率非常大。我计算过，超过 60% 的客户之前都是寻求过战略顾问的帮助，有些客户找的人很有名。

为什么他们已经找过其他顾问了，还要再次寻求服务呢？因为很大比例的顾问都希望将自己的意见强加给客户，但在这之前他们并没有好好地了解客户的情况。

（2）面对想要进行变革的客户或者寻找新机会的客户，成熟的咨询顾问不但要引导客户找到新的方向，还要想办法保证客户能够减缓现有业务的衰退速度。

否则，客户很难有资源持续投入创新活动。创新有风险，在鼓励创新的同时，也要努力给出提升现有业务效率的建议。

第四篇

领导力：发动变革的灵魂动力

公司实际运营中出现很多问题，比如员工拒绝学习、懒惰、对工作没有兴趣、对上级过度依赖、拒绝改变等。归根结底，都可以溯因到公司领导者，以及低下的领导力水平。

这部分，我们将通过展示一些事关领导力的咨询案例，让读者对领导力有一个初步的了解，进而对其进行更深入的研究和实践。①

① 关于领导力的咨询服务，主要参考刘澜的“领导力的十项修炼”课程内容。

一、不催就不动？也许是老板的问题

为什么员工在管理者没有做出重要指示的时候，什么也不做？

或者，员工只会按照公司管理制度办事，即使他发现这些管理制度并不能解决遇到的问题。

为什么有些公司的客服人员总是把遇到麻烦的客户推过来推过去，就是不替客户解决问题？

为什么这些看起来异常聪明的年轻人，到了公司以后就变得老气横秋？为什么每次希望员工提出改进工作意见时，他们总是沉默以对？

难道，这么不巧，刚好所有懒惰、怕麻烦、不乐意思考、没主见的员工都被我们公司招进来了？

还是什么地方出了问题？

◇有了新战略，却没有人执行

"您说的这些在我们公司都行不通，没人干！"

这位企业管理者来咨询的问题本来是围绕公司的扩张战略，当我们深入探讨了企业潜在的扩张路径时，他却突然说了这么一句。

"除非重新招人，单独成立一个团队。否则，什么事儿都干不了。我现在请的那些人，让他们主动观察客户的潜在需求是不可能的。"

"为什么您公司现在的员工不能承担新的工作，能不能具体说说？"

"说起来我就恼火。这几年，我没少在公司的人力资源上投入。公司里除了业务部门，人力资源部门的人薪水最高。我们还请了猎头，通过各种渠道吸引人才。

“但是，这些人到了公司，不到3个月都变样了。

“开会时，你问他们对公司或者自己的工作有没有意见？你看看我，我看看你，就是没人出声。遇到问题，问相关负责人这个问题该如何解决？

“他会说：‘老板你看呢？你能不能给我们出出主意？’

“我说：‘我请你来就是为了解决这个岗位上遇到的问题，现在你反过来问我该如何解决？’

“他会说：‘以前没遇到过类似的情况，不知道该怎么做。’”

“公司没有设置相关的制度？”

“有啊。但这些人完全不按照制度来执行。比如供应商说交货期要推迟，我们的生产线等着他们的零件生产，如果交货期推迟，整条产线就要停下来。

“按照制度，采购就可以启动备用供应商，先找到货。这个零件就是一个标准件，找货应该不难。

“但采购人员没出声，采购经理也是产线马上要停产了才知道这个关键的标准件还没入库。

“后来，反馈到我这里，我去朋友那边截了一批现货，才没有让产线停下来。

“这一条产线有20多个工人，此外，我们还跟客户签了合同，明确了交货期，停工一天，损失惨重。

“事情解决了，回头问那个采购，为什么不按照制度启动备用供应商？

“她说：‘原有供应商那边的人告诉我肯定能按时交货，正在加班加点地生产，就没换供应商。但对方食言了，所以才造成如今的局面！’

“我们专门为这事开了会，重申了公司的采购制度。

“结果，过了两个月，麻烦又来了。

“麻烦更大了。在订货的时候，公司的常规供应商的到货期又推迟了。采购怕耽误生产，于是立即联系了备用供应商。

“结果，两批货都到了，还要找新仓库来存储。

“采购居然没有取消跟常规供应商的供货，又从备用供应商那里下了单，结果货都到了，一下子成了库存。

“我问采购为什么会这样？她说：‘上次开会您说的，如果常规到货推迟，就应该启动备用供应商。’

“我竟无言以对！”

我留了点时间，让他将情绪发泄完，问道：“您觉得问题出在哪里？”

让当事人自己找原因，不但可以看出他的个人风格，还能了解对方的归因能力。

“我就是不知道为什么会这样。”他不假思索地回答。

实际上，不假思索的回答，都是没有走心的、条件反射式的回答。遇到这种情况，要继续引导对方。

“肯定不只是采购部有问题吧？如果是采购部有问题，我们换个机敏的采购就行了。”

“不是，采购部仅仅是一个最近发生的案例。研发、生产、销售，甚至财务，整个公司的人，做事必须等指示，而且只会按照指示的内容行动。

“如果上级的指示有纰漏，或者不符合实际情况，结果一定会很糟糕。

“但我和各个部门的管理者，不可能面面俱到。”

“这个问题存在多久了？”

“自从公司规模扩大，这种问题就出现了，有 4 ~ 5 年了。4 ~ 5 年前，公司很小，人数很少，有什么事情，都是几个人在一起开个短会，互相商量一下就行动，效率很高。

“如今，公司大了，各个部门加起来有 400 多人，业务越来越复杂，再加上这几年环境变化快，没人能提前预测所有的细节，做出指示。

“只有依赖员工在一线工作时的机智来处理出现的问题。”

“您说得没错！既然问题已经存在了4～5年，您一定不是到今天才想办法解决问题的。

“之前，您和公司其他管理者、股东做过什么工作？”

“没错，我们做了很多工作。我们在招聘上下了大力气。之前创业时，公司员工的平均学历是大专，现在基本上都是本科生了，硕士学位的也有30%，可谓是高配置。

“我们还请管理咨询公司帮我们重新制定了各个部门的管理制度。

“这些管理制度在刚开始实施的阶段，效果很好。可没多长时间，问题又出现了。

“制度的推行、考核和实施，反而让员工都变成了死脑筋。遇到事就会翻制度，制度上没有的就不知道怎么做了！”

“刚刚您提到的那位采购第一次的行为，岂不是打破采购管理制度的一种机智？”

他愣了一下，略微思考了一下，点头道：“您这么一说，还真是。供应商向她保证，很快就会到货，还说了一些疫情、困难等，她才决定不启动备用供应商的。”

“备用供应商的价格是不是贵一些？”我问道。

“是的，您怎么知道的？”

“很简单，既然第一次供应商耽误了您公司的大事儿，差点造成产线停产，这是很严重的错误。公司不但没有切换供应商，反而2个月后又找他下单，就证明这个供应商肯定有优势。标准产品的供应商优势，无非是价格、账期。”

“没错，这家供应商与我们合作得一直很好。我们在他那里不但享有最低价，而且还有120天的账期。同时，大家彼此都熟悉，感情也不错。

“这次要不是因为疫情的影响，他们也不会突然延长交货期。”

“也就是说，采购这么做有充分的理由。开会的时候，其他人给她阐述理由的机会了吗？”

"好像没有。那时候大家都着急，所以，没给她时间来说理由，而是批评了她，还扣了当月的奖金，然后要求她立即启动备用供应商。

"现在看来，好像有点委屈她？"

◇贴身调研领导力水平

"您能不能给我两天时间。这两天我就跟在您的身边，参与您与下属的一切工作活动。我只观察，不给意见。然后，我们再坐下来将问题分析清楚。"

为什么我要将2个小时的轻咨询活动延长到两天呢？我觉得，公司之所以出现这样的问题，很可能是领导者的领导力出了问题，这造成公司环境中的领导力水平下降。

在这样的环境下，任何优秀的员工都无法发挥出聪明才智。

但对企业领导者进行领导力提升的咨询，是有风险的。如果顾问在没有实际调研的情况下，直接告诉客户需要提升自己的领导力，他很大概率会逆反。

两天后，他先是说了自己对这两天的感受，被人跟着的滋味不好受，尤其是一位自己尊重的老师。

这种感受，给了我另一个引发他反思的武器。

"这两天，我只是跟您参加一些会议，没有说一句话。即便如此，您也觉得滋味不太好受。

"我相信，您的员工在某种程度上更尊重您。您批评他们的时候，他们会感受到什么呢？"

他想了想说："滋味也一定不好受！"

◇关于领导力的尴尬反馈

"两天里，我和您参加了4次会议，记录了很多有助于我们找到问题的瞬间。

“现在，用一点时间一起回顾一下，可以吗？”

听我这么说，他有点紧张，像被揪住了错误的小学生。

“放心，这个过程不会让人尴尬，而且我认识的很多优秀的企业家，比如某公司郑总和某公司任总，都曾经是这个风格。”

“第一天上午研发会议中，你的下属请教你一个研发上的问题，说新产品的成本超出预算，应该怎么办？

“你当场给出了解决方案，让他牺牲一定的产品性能来降低成本。

“你还记得吗？”

看他有些犹豫，我拿出了已经剪辑好的录音，给他放了这段对话。听完了对话录音，他好奇地看看我，不觉得自己的建议有什么问题。

“下午，销售会议上，销售总监提出问题，说这个季度的销售额超过预算了。按照销售制度，下个季度要将预算调高。但这个季度的一笔大单是意外获得的，不具备参考价值，所以，他不能调高预算。

“你直接否定了这一建议，希望他遵守制度调高预算，劝他努力实现。如果实现不了，后期再调回来。

“他还想就此说点什么，但你讲完话没有给他说话的机会，直接宣布进入下一个议题了，对吧？”

“是的，这有什么问题吗？”

“别急。第二天上午财务会议，财务说流动资金有些短缺，问您有什么办法。主要原因是在新产品的投产上，采购备了很多元件库存。

“您回复，自己会看看手上的现金或者问问银行，稍后回复他。

“不知道您有没有注意到，她当时欲言又止。”

“是吗？我没注意。”

我又拿出一些真实的会议记录展示给他。但他始终没觉得有问题。于是，我引导：“您来参加此次咨询，是希望寻找办法培养出能独立解决问题的员工。当他们在一线工作时，遇到了特殊的问题，自己能有办法来处理，是不是这样？

“我们不妨做一个假设，假设他们都成了您想要的员工，也就是说，虽然遇到了问题，但是有解决方案。

“您觉得，在会议上，他们会说出来吗？”

“为什么他们不告诉我自己有解决方案了？”

“举个例子，总工程师说，按照目前的物料清单，产品会超出成本预算。您马上回答，牺牲一部分性能来解决这个问题。

“您有没有想过有另一种可能，也许总工程师有办法在不牺牲性能的情况下就解决了问题呢？

“他也许只想和您确认一下这个物料清单上内容，是不是有调整的可能性。

“结果，您直接下令，让他牺牲性能。您是老板，他能怎么办？在会议上直接说出自己的办法，让您难堪？还是鼓起勇气私底下找您反馈？

“如果他私底下找您，您会不会一听他提起这个问题就打断他，告诉他这个问题已经解决了，无须再讨论？”

“好像，我会的。”他开始直接面对自己了。这段摆事实的咨询过程，让他从其他视角来审视自己的个性。

“我在会议后问过总工程师。他的确有好办法来解决问题，只需要将一个物料由进口的换成国产的，成本就达标了。这个物料的技术非常成熟，无论是国产的还是进口的，性能非常接近。要说差别，仅有一点点，但在我们的产品上，这点差别根本体现不出来。也就是说，国产物料完全可以胜任。”

“您说的是真的吗？”他有些不敢相信事实竟然是这样。

“事后您可以亲自问总工程师。销售总监的问题，他也是有解决方案的。他想提出建议，把公司的销售预算制度升级。新的预算制度会将销售额的产生分为两部分：第一部分就是预算内的订单；第二部分针对意外的订单。

“预算内的订单还按照原来的方法管理。意外的订单，由哪个销售人员接到的，就由哪个销售人员研究为什么公司能接到这个订单。是纯粹的幸运，还是这里存在新的机会。

“如果经过研究，存在新的机会，那么销售人员就可以开发这个新客户或者市场。在销售预算制度上，这样的情况给予一定的奖励：负责研究新市场的销售人员可以获得较高的奖金。同时，可以在一段时间内不背负预算内的销售预算额度。

“您觉得这个想法怎么样？”

“这是销售总监的想法？这简直太好了！这是在开发新的市场啊！”他不由地赞叹。

“财务、人力资源的员工，都有很好的想法来解决自己的问题。您可以找他们了解一下。”

◇你觉得呢

“不过，我们今天要搞清楚的是，他们为什么不愿意把这些方案讲出来呢？

“您认为这是谁的原因？”

他沉思了一会儿，抬头看着我说：“老师，我明白了。我觉得原因出在我身上，我根本没有问他们有没有建议就急着给结论了。他们怕我丢面子，所以干脆把自己的话又咽了回去！”

“长此以往，员工遇到事情就会问你。他们懒得思考和寻找解决方案，反正无论有没有找到办法，都得听你的，是不是？”

“是的，我要是员工，遇到这样的老板，也不会讲出心里话。”

“其实，要解决这个问题很简单，只需要你养成一个口头禅。有人就工作中的问题来找你的时候，你就向对方说一句话：你觉得呢？”

“你觉得呢？”他重复了一遍。

“是的，你觉得呢？”领导力研究学者刘澜，认为‘你觉得呢’这句口头禅，是领导力中最重要的一句话。

“对方如果回答‘我不知道’，我该怎么办？”

“您可以问一个加长版的‘你觉得呢’。所谓加长版的‘你觉得呢’，就是您用以下问题来回答对方：

“第一，我们的目标是什么？通过这个问题，你可以和员工梳理和明确工作的目标。

“第二，现状是什么？然后，你们一起分析现状。

“第三，有哪些方案可以帮我们达成目标？针对目标和现实，你询问他究竟有哪些解决方案，有几个解决方案可以让我们达成目标？

“第四，帮助他下决心解决问题。如果你们一起找到了解决问题的方案，那么，让他研究这些方案的可行性如何？哪些可以立即实施？具体从什么时间开始实施？谁来负责？还有什么障碍？

“如果您能长期坚持下去，会出现两种情况：一是员工在找你帮忙解决问题之前，一定会对问题进行分析之后才来。他知道，老板会询问意见，如果关于某个问题自己还没形成想法的时候就去问老板，就会碰钉子。

“二是员工学会和掌握这套分析方法，自己就把问题解决了。

“当然，附带的一个好处是，那些遇到事情不肯思考，完全没办法的人，在您的公司根本待不下去，自己就会离开。但这样的员工其实很少。”

【后续进展】

公司管理者亲自实践了这句“你觉得呢”的口头禅，3 个月，他看到了员工的转变。

虽然他事后发现，坚持领导力行为在现实中十分困难，而且作为企业老板，他有重重顾虑，但公司一改往日的景象，员工的工作积极性空前高涨。

【管理提示】

（1）领导力就是动员团队，解决难题。

关于领导力，有很多定义，但我最喜欢的就是刘澜定义的领导力：

“动员团队，解决难题。”

（2）很多人将员工的工作积极性不高归结为管理者没有放权，是完全错误的。

放权固然是激发员工工作热情的必要措施，但缺乏领导力的放权，只会带来混乱。如果公司宣称要放权，事后又不照做，或者在出现问题时立即收回权力，那么反而会对企业的领导力水平，对团队参与公司管理的热情带来重大打击。

（3）顶级优秀的企业家会从自身找问题。

一般优秀的企业家，往往比较有个性、非常聪慧，能发现别人的很多问题。但顶级优秀的企业家遇到问题，会先剖析自己。这样的企业家，可称之为领导者或领导型企业家。

（4）专家型管理者可能是公司停止进步的主要原因。

专家型管理者在初创公司中会成为公司的灵魂人物，也是公司能获得成长的重要原因。但到企业发展中后期，公司规模越来越大，专家型领导者可能为了提高效率，而忽视下属的意见，从而减少他们成长的机会。

因为他是行业专家，曾对行业无所不知，所以基本上他的意见就被当作正确的意见。一旦环境改变，行业发生变化，曾经的专家可能会变成现在的阻碍。

专家型管理者要特别注意在实际工作中充分运用领导力，提升团队的能力，而非滥用自己的专家权力。

【咨询提示】

（1）领导力咨询要非常小心。

当咨询的内容进入领导力环节时，咨询顾问要特别小心。无论你如何委婉地指出公司管理者缺乏领导力，都会对整个咨询活动产生出乎意料的影响。

一方面，公司管理者可能是对领导力存在误解。很多人认为，我既然是公司的领导者，怎么会没有领导力呢？我的职位就证明了我有领导力。另一方面，指出领导者缺乏领导力是有风险的，相当于指出咨询顾问不懂咨询，让人难以接受。

这些原因，都会让公司管理者暗自抵触你的咨询意见。

（2）提供实证是个好方法。

事实不带有任何情绪，指出事实，以事实为准则，可以尽可能地降低情绪对咨询工作的影响。优秀的咨询顾问会将自己的意见基于事实提出来，这样才能引起对方反思，并采取行动。

二、员工都是天才，但精力从不用在工作上

企业花了大量的精力，参加著名高校校招、进行高端社会招聘、找了猎头公司，终于组建了一个“天才团队”。

每当讨论社会上的一些新闻时，总有人能说出非常精辟的见解，有非常独特的视角。

一旦谈起工作，这些灵气就消失了。

这是怎么了？为什么这些精英员工从来不把自己的智慧和精力用在工作上？

◇优秀人才在一起，却不出成绩

“我们是一家在能源行业排名靠前的公司，多年来能取得持续的成功，基本上依靠优秀的人才。所以，公司招聘人才，在提供优厚待遇方面从来不吝啬。相比其他同行提供的薪资，我们往往会高20%左右。

“依靠这样的条件，我们吸引了来自全国985院校的高校毕业生。关键岗位上，还有‘清北交复’背景的中层，海外著名大学留学背景的人承担高管职责。

“这么优秀的团队，总感觉大家并没有将精力放在工作上。”

“您感觉大家没有将精力放在工作上，有什么具体事例吗？”

“事例很多。年轻人刚开始加入公司的时候，还比较谨慎好学。不久之后，这些人很快就掌握了工作方法，逐渐懒散起来。

“有人在上班时间玩手机，被公司禁止之后，这些人又凑在一起聊天。总之，就是不把精力放在工作上。

“之前，这种状态不影响工作任务的完成，我们也懒得管。如今，因为国家全面对节能减排、碳中和、碳达峰做出要求。电力产业是碳使用量的大户，在产电的同时，传输过程中电力消耗也是巨大的。

“为此，我们想要进行技术攻关，希望在超高压输电项目中取得一些配套产品的开发。

“这时候公司管理层才发现，由于多年来疏于管理，企业似乎形成了懒散的氛围。

“技术攻关项目做出的产品，几次三番过不了国家相关的质量和安全检测，拿不到许可证和认证标志。”

电力能源等行业有非常独特的特点：相对日新月异的信息科技领域，电力能源行业技术相对稳定。一旦涉及变化，比如由高压到超高压传输，基本上就是复杂的系统性变化，需要发动长期的、复杂的技术公关才能解决问题。

技术攻关涉及新的技术标准、生产标准、安全标准等。这意味着企业不但要从技术上改进，而且可能要投入新的生产设备，并申请新的安全认证标准。正所谓牵一发而动全身。

一旦形成突破，后面就是漫长的产品技术复制销售阶段，盈利期长，变化小，有非常长的稳定期。

◇无效的激励措施

参加咨询的这位管理者提到的行业特点对人才保持机警的确有客观上的影响。

“公司有没有采取什么措施来改变现状？”

“当然，我们为了激励团队，可谓费尽心思。先是大张旗鼓地搞了一次技术攻关动员会，公司所有股东都出席了会议，做了有关此次技术变革的必要性的讲话。

“然后，集团的人力资源宣布，报名参加技术攻关的个人，只要被攻关团队录用，就立即加薪、加奖金。

“总工程师将攻关的阶段性成果给大家做了介绍。每当取得规划中的阶段性成果的时候，就给全员发奖金，增加假期，甚至组织公费旅游。

“大家一开始很兴奋，报名者众多。但攻关团队工作了一阵子后，我们发现，这些人的激情很快就没了。

“又开始看到办公室里有人聊天、看手机。”

管理者开始抱怨。

◇亲自调查，立即带来改善

因为咨询项目涉及很多员工，虽然公司管理者讲述了从他的视角中员工慵懒的症状，但要归因，势必涉及对员工的访谈调查。

我修改了调查程序，原因是管理者在企业顾问在场的情况下，有可能会受到干扰。于是，我告诉这位管理者，他需要帮我一个小忙，才能继续我们的咨询。

“因为涉及员工的工作情绪，所以，我必须想办法和员工接触一下。您帮个忙，给我一个临时身份，让我能够在公司的技术攻关团队活动的范围内自由走动，了解情况。

“这个身份最好是非正式的，不要以官方的身份宣布。”

两周后，我以新品供应商产线调查员的身份进入公司，获得了相应的权力。

两天里，我和负责技术攻关的团队相处，在取得管理者的同意后，对我与员工之间的对话录了音。为避免录音对员工产生影响，将音频文件呈交给企业管理者时，我将录音进行了变声剪辑，确保管理者不知道和我对话的人是谁。

其中，有两段录音文件颇具代表性。

第一段对话：

“麻烦您了，公司委派我来厂里进行调查，寻找以后互相配合的最好方式，我有一些问题想请教您。

“您觉得我们这项技术攻关要多久会有实质性的进展?”

“说实话，我估计很难按期完成。新技术升级是一个系统性的工作，而我们平时的工作是对原有技术的维持。如今要承担系统性的技术升级任务，总感觉心里没底。”

“公司没有为大家提供培训吗?”

“有的。但在实际工作中，培训的那些内容能解决的问题很少，内容过于理论。

“我们在干活的时候，需要将理论上的知识转化为自己的行为。比如代码如何编写？硬件怎么搞？缆线粗细如何确定？升压方式和相关的方式方法该如何具体实施?

“这些我们都不知道。同时，电网对设备的要求也无法全面了解，电网派来的人也说不清楚具体要求。一切都在摸索尝试，所以，很难在短期内完成。”

第二段对话：

“真羡慕你们公司，为技术攻关团队提供了这么好的条件。我听说，工资和奖金都涨了不少。”

“那要拿得到才行啊!”

“为什么会拿不到呢？你看，看板上不是写清楚了阶段性任务，只要完成任务，就可以拿到奖金。

“难道厂里领导还能说话不算话?”

“领导当然是一言九鼎的。可是，任务给大家带来的挑战太多了，需要我们在短期内掌握很多全新的知识。总工程师和技术专家们又太忙，没时间指导我们。

“单靠我们摸索，我觉得没戏!”

从对录音的分析中不难发现，一线人员缺乏技术指导是一个影响工作进展的重要原因。

为此，我特别向企业管理者申请，和总工程师及技术专家做一个面对面的访谈。

“我这几天在工厂走动，接触了一些员工，大家反馈，技术上的难度太高，虽然有培训，但还需要一些实际的——在工作现场的技术指导。”

“我们还没来得及做。这次变化太大了，高压到超高压看似仅仅是提升了电压，但这是一次系统上、标准上的重大变革。

“我们现在还处于消化标准和技术要求的阶段。”

“也就是说，我们技术中心的准备工作还没完成，怎么安排技术实现团队现在就加入攻关呢?”

“需要给他们一些时间学习。公司不是提供了大量的技术培训吗?只有掌握这些培训内容，将来技术标准出来之后，他们才能快速理解新标准，并且付诸实施。”

“但员工反馈，他们无法找到目前的培训内容和未来实际工作之间的关系，也不明白这些培训的意义。他们还强调，现在的培训理论性太强，他们无法消化这些知识。”

“我不知道这些情况！我调查核实一下，如果确有其事，我们真的要采取一些行动了。否则，这些原本用于为转型升级打基础的时间，可能被荒废。

“这样就麻烦了！本来提前攻关就是想尽早积累对新技术的理解，让公司的产品具有领先的竞争力，如果大家把这段时间荒废了，我们岂不是‘起个大早，赶个晚集’?”

之后在培训中，每讲到一次理论知识，授课老师都会特别说明这个理论要求技术实现人员在应用时注意哪些具体的细节。

两周后，我和公司的管理者再次举行了一次轻咨询。

“老师，太感谢您了！您去调研一番，总工程师说您反馈了一些信息后，他对培训做出新安排。结果这两周，大家的积极性明显提高了。以前找理由不去的培训课，如今场场爆满。有很多员工听说了这事儿，还专门从分厂过来参加培训。

“您是怎么做到的啊?”

管理者对员工近期的改变很兴奋。

◇走动式管理

“不客气，我也没想到大家竟然会在这么短的时间发生改变。不过，这次调研的确反映了公司存在的一些小问题。我想先请您听听录音，好吗?”

“好的。”他正襟危坐，对自己可能听到的内容有点紧张。这种紧张感，已经暴露了管理者平时对于一线员工的实际工作，以及他们对公司的真实评价并不了解。

我播放了上面的录音。

“怪不得！原来如此!”企业管理者拍拍自己的头，似乎有所顿悟。

“您能再想想，为什么会出现这种情况吗?”

“上下级的沟通出了问题!”对方不愧是有经验的企业家，立即意识到了问题所在。

“如果员工愿意将问题反馈给总工程师，他早就做调整了。大家的积极性也会被调动起来。这些年轻人平日里活力四射、激情亢奋，怎么会一遇到工作就失去了兴趣呢?

“看来，我们坚持招聘优秀大专院校的毕业生或者其他优秀人才，是正确的!”

“您曾经质疑过这个措施?”我问道。

“是的。我看到这些年轻人在技术攻关工作中得过且过的样子，就很难受。要知道，电力行业工作相对稳定，有些行业人士在所有的工作时间里，都不曾有机会遇到如此重大的技术攻关项目。

“我们提供的设备是有严格的标准制约的，当产品符合标准后，任何一项改动都要经过层层审批。所以，大家在技术创新上并没有特别多的机会。平日里，他们也就是做设备安装、维护等工作。

“当我宣布公司要开展产品升级的技术攻关后，大家都很兴奋。但没多久，我就发现干劲儿没了。

“原来是沟通出了问题，我们根本不知道培训课程太理论化了，没有理论联系实际。”

“您的眼光非常犀利，的确，问题出在沟通上。您有没有想过，为什么沟通会出现问题？总工程师也好，您也好，性格都很随和。我在厂里走动的时候，经常看见大家在食堂排队打饭时，有年轻人拉着总工程师和其他技术专家开玩笑。”

“是啊，为什么沟通会出现问题呢？我们提供的沟通渠道还是很顺畅的，我和总工程师的办公室大门总是打开的，而且经常在大会小会上强调，员工要及时反映问题。”

“我问过一些员工，为什么不向自己的上级反映问题。他们的回答，大致的意思是：第一，自己本身是学技术出身，对于技术问题习惯自己研究而不是遇到难题就找人求助。第二，大家和总工程师的关系比较好，知道他很忙，所以，也不愿意麻烦他过问培训这种小事儿。”

“这哪里是小事儿啊！事关技术升级和公司未来几十年的发展，哪是什么小事儿！”

“员工暂时还不能像您一样能够纵观全局。对他们来说，不合适的培训真的是件小事，但这件小事却对工作的进展产生了巨大的影响。”

“是的，我们一定要吸取教训。”

“您准备从哪里入手来改变沟通不畅的问题呢？”

“我回去开会强调，只要是技术攻关团队中任何人遇到问题，全部要向上汇报。攻关团队的事儿没有小事儿。”

“这固然可以起到一定的作用。但那些因为自己的专业背景而不愿意主动求助的人，怎么才能促使他们积极沟通呢？”

“这个问题最难缠。搞技术的人都要面子，特别是技术上的问题，你说他技术水平不够，技术不过关，就像要了他的命。您有什么办法？”

“可是，我一个外来的陌生人，他们却可以和我沟通这么敏感的信息，您有没有想过为什么？”

“我给您讲一个案例故事吧。酒店业应该和您所处的行业在变革周期上差不多。

“您应该听过万豪酒店吧？”

“听过，我们还经常住万豪酒店。”

“您觉得万豪酒店的服务水平怎么样？”

“当然是一流的，不管在哪儿都能给人宾至如归的感觉。”

万豪酒店有一位著名的管理者小马里奥特，他的主要工作就是去各地的万豪酒店住下来。一次，他在一家万豪酒店的餐厅里，随便打开一本客户给餐厅服务评价的留言簿，发现客户对餐厅服务员的评价降低了。于是，他找到了餐厅经理问：“为什么客户对餐厅服务员的评价这么低？”

餐厅经理说不知道。

小马里奥特又问：“服务员的工资水平如何？”

餐厅经理回答：“比其他酒店餐厅的服务员工资低。”

“为什么不给服务员涨工资？”

“给服务员涨工资太麻烦，要总部批准。”

“您觉得，这个案例的问题出在哪里？”

“我觉得是这个餐厅的经理不行，如果是我，就换掉他。服务员的工资低肯定会伤害到工作积极性。工资是工作热情的保健因素，没了保健因素，热情一定会受到伤害。

“他竟然嫌给服务员涨工资麻烦，简直不可理喻。”

“您说得没错，这位餐厅经理肯定是有问题的。但小马里奥特还进行了更深入的思考。他认为，首先，总部的权力过大。给酒店餐厅服务员涨工资的事情不需要总部批准，餐厅经理就能做主。其次，这位餐厅经理的上级，也就是这一片区负责餐厅管理的总裁是一个糟糕的聆听者。否则，就算给服务员涨工资要总部批准，如果餐厅经理的上级能够及时听取下属的意见、反馈信息，总部还是会批准的。最后，小马里奥特认为，万豪酒店的价值观出了问题。他说：‘我们将盈利的重要性放在了为客户提供优质服务之前了。’”

听到这里，这位企业的管理者不断地点头，越来越深刻地理解小马里奥特如何将万豪酒店的管理打造得既高效又充满人性化。

“从案例中，您能看出什么？”

“小马里奥特是非常了不起的 CEO。首先，他每年都能到处出差，现场管理，这就很了不起。其次，他能找到问题的根源。一开始，我本能地认为那个餐厅经理有问题。可是听了您后面的讲述之后，我发现作为一个企业的高级管理者，如果小马里奥特只是处理这个餐厅经理的问题，就未免大材小用了。

“他知道餐厅经理有问题，但还发现可能是餐厅经理的上级有问题。如果撤换了这位上级，状况得以改善，那么影响的就不仅仅是这一家餐厅。

“他还能看到总部的权力过大。如果总部放权，影响就更大了，可能会涉及全球的万豪酒店。

“最令我佩服的是，小马里奥特将‘客人对服务员评价不高’这件小事，放在万豪企业价值观的宏大背景中去观察，实在是叹为观止！”

“您说得太好了！基本上这个管理案例故事的精髓，您都说出来了。

“我们再想想，从一开始，为什么这位餐厅经理能跟小马里奥特说实话？

“如果这位员工从来没见过老板，而且老板也很少出现，当老板问打分过低的事情，随便找几个服务员背锅，岂不是更好？”

“我觉得，是因为小马里奥特出差多，经常到企业管理一线，所以，这些人认识他、信任他，也乐意和他说实话。此外，他们可能知道，自己根本骗不了这位老板。

“他长期在第一线，什么情况都了解，骗得了他吗？”

“您说得太棒了！这些和我们的问题：公司里的员工为什么宁可将技术上有困难这件事告诉陌生人，也不向上级反映有什么关系吗?”

“我明白了，我们应该经常到一线，和员工打成一片，获得他们的信任和支持。”

“这其实并不难。我们公司算上分公司，也就在国内的几个城市而已。同时，和员工打成一片很简单，他们只要觉得自己的意见能被关心、被问及，就乐意发牢骚、说实话。

“这种管理方式，就是著名的走动式管理。只要让管理者动起来，走到第一线去，就会解决很多沟通上的问题。同时，会大大提升公司的领导力水平。”

“我想请您将走动式管理形成一门简单的课程，来公司给各级领导讲一讲，这太有意义了。搞技术出身的人，就不喜欢到处走动、和人攀谈。”

我愉快地接受了这个邀请。

【后续进展】

一个月后，我专门来公司为客户举行了一次关于“走动式管理，提升领导力”的企业内训，公司的高级和中级管理干部全部参加。

大家对课程的反馈说明，这次内训十分及时。后来，这些企业管理者真的开始在工作中走动起来。他们采取的是“走动式提问”的管理方法，找出问题，协助员工解决问题，工作热情空前高涨。

【管理提示】

（1）领导者要离开椅子。

坐在办公桌后面，通过文件来治理企业，很难得到一线反馈回来的重要信息。

由于一线员工往往缺乏将具体问题总结成公司制度问题的能力，所以，管理者走动，才能为提升管理能力和领导力水平带来真正制度上的改善。

管理是维持，领导力是变革，无论是处于变革期还是稳定期的公司，既需要管理，又需要领导。领导力是动员团队解决难题，而动员团队最重要的方法就是到团队中去，听取大家的心声。

（2）领导者要注意，一件事情的成败需要两个要素的支持：动力、能力。

员工要对做某件事有动力，还要有能力来完成这件事。提供顺畅沟通的渠道，领导者平易近人，仅仅是提供了良好沟通的渠道，让员工有机会和领导者沟通，但这并不意味着他们有动力和领导者沟通。

当进行一项重大变革时，员工有没有动力去改变，有没有能力去改变，是领导者必须要关注的。

（3）概念能力的提升。

领导者要有能从日常琐事呈现的碎片化信息中提炼出模式的概念能力。

碎片是模式的一种反映，任何持续出现的现象，背后都有其深层次的模式。找到这种模式，从制度上改变，才能一次解决一批问题。

【咨询提示】

（1）讲故事是咨询顾问常用的好工具。

讲故事，不但是提升领导力，传播企业文化和价值观，获得销售订单的好工具，也是咨询顾问用于让客户理解咨询意见的好工具。

学会讲故事，对咨询服务工作大有裨益。

（2）有效的咨询必须立足深入的调研。

很多客户和顾问不理解为什么要进入企业调研，难道是咨询顾问不信任客户讲述的问题？

实际上，调研不但可以帮助我们获得事实，而且可以作为一种对企业产生影响的手段。深入有效的调研，可以让咨询服务更有效果。

调研可以分为重点人物访谈、高管访谈和员工走访，甚至客户走访。如果企业配合，咨询顾问应尽可能多地开展调研，以便助力客户寻求解决问题的杠杆解——以最小的改变，解决最多的问题。

（3）企业内训工作要比泛泛地传播知识有效。

内训往往是针对被训人员特别关注，工作中经常遇到的问题而发起的，因此价值更高。受训人员可以学了就用，从实践中强化自己对培训的理解。同时，也会将出现的问题反馈给咨询顾问，丰富顾问的实战经验。

三、老板一出公司门，电话就被员工打爆

虽然繁忙的工作能让你感到很充实，觉得自己作为企业的高层人士，对公司的日常运营和发展至关重要。但每天进入公司开始，就不断地被各色人等求助、请示，自己想要思考或者办理的事务总是完不成。

终于，你无可奈何，决定离开公司，找一个安静的地方对企业发展的方向做一些认真的思考和充分的讨论。

可你离开公司，电话就响个不停。

这些不断打进来的电话和请示，让你不厌其烦。难道公司雇用的这些人，就不能把自己的工作做好吗？为什么凡事都要请示你？

◇进门先关手机的老板

“老师您好！麻烦您稍等，我必须先把手机关了。”还没坐下，来咨询的公司管理者连忙掏出手机关掉。

“关手机？您不担心公司里的人找您有事吗？”

“我不担心，一点都不担心。他们找我没啥大事儿。”说完，他笑着坐下来。

虽然我从他提供的资料上早就得知，公司里面大事小情都要找他批准，但没想到会这么严重，需要一进门就关机。

有客户曾经多次邀请我去公司开展轻咨询服务，我都拒绝了，一个重要原因是，在那里，老板没有大块用于思考的时间，会被各种事情打断。

“我很感谢您能这么做，关掉手机。咨询过程往往需要大块时间思考，一个不受打扰的环境很重要。”

“老师，我也是没办法。我真是不明白，我一直是放权的态度，只要下属能将事情做好，根本就不过问。但他们总是拿一些芝麻绿豆的事情来请示我，让人不胜其烦!”

“从什么时候开始，事情变成这样了?”

“其实，从我创立公司的时候，跟我一起创业的人就喜欢凡事和我商量。毕竟我是公司最大的股东，也是对公司所在行业理解最深的人。

“我试过让大家自己处理问题，但因为他们不熟悉行业情况，总是出错。那时候我们公司还小，是创业公司，一个错误，比如产品包装印刷失色，损失就是一两万元，承担不起。

“长此以往，我们就养成了这样的风格。他们做任何事都会找我确认。

“公司小，我忙得过来，也就没注意培养团队独立工作的能力。

“企业越做越大，人数越来越多，大家还是喜欢请示。有时候，大半夜的也会把电话打进来。

“为了确保效率，我在公司推行了‘工作任务不隔夜，今日事今日毕’的工作原则。任何人都要做到今日事今日毕。这下不得了了，我的电话每天都要插着充电线才行。”

看到这位企业管理者直爽、硬朗的风格，我感觉他应该难以忍受下属或者员工的错误。为了确认这点，我问道：“您对效率的追求真是极致。不过，我想问个问题，当您的下属或者员工犯了比较大的错误，您会怎么处理呢?”

“犯比较大的错误，那一定会被开除！小错误我也不能容忍，公司发展到今天不容易。千里之堤毁于蚁穴，如果我对错误视而不见，那么公司很快就会垮掉!”他不假思索地回答，让我确认，这是一位不能容忍错误的老板。

为了确认是他的这个风格造成了公司的现状，我向他发出请求，要求择日去公司与高管人员进行为期半天的访谈。

◇深入现场，找到答案

两周后，按照约定，我到企业专门提供的一个会议室，开始对公司的高管进行匿名访谈，并告知录音会做变声处理和适当剪辑。这是访谈的前提条件，如果企业管理者不能接受，就不会有访谈活动。

知道自己说的话不会被泄露出去，高管们开始畅所欲言。L先生说自己从公司创业伊始就在这里上班了，对自己的工作和公司老板，以及其他同事有深厚的感情。若非要问工作中有什么不舒服的地方，或者不愉快的记忆，就是有一次他犯了一个错误：为了降低货运成本，选择了一条新的运输线路，结果货物险些被弄丢。如果当时这批货真丢了，公司可能要付出巨额赔偿。他事后赶紧对此进行补救，顺利找到货，但还是被老板当着全体员工的面责备了一番。

“那段时间我很想离开公司，觉得委屈，毕竟尝试新线路是为了公司降低货运成本。像我们这样的公司，货运成本占全年成本支出的20%，那时候公司正处在发展期，如果货运成本降低，公司就有更多资金投入新设备。

“我也是看老板为了购买新设备四处凑钱，替他着急，才尝试新路线的。后来，公司还是和这条线路的运输公司合作，降低了货运成本。

“因为第一次差点弄丢了货，我被老板严肃地批评了，从那之后，我就学会不管做什么决定，势必要征求他的同意。

“他确认过可行，我才敢去做，就算出了错，他也不会发那么大脾气。”

第二段访谈中，Z女士是来公司3年的职业销售管理人员。她说老板特别注重细节，有时候对细节的关注到了人神共愤的地步。

比如他会审核销售人员的每一张订单，后来因为公司产品畅销，订单越来越多，才开始只审核金额超过五百万元的订单。

就算这样，每周老板也要在这里花费大量的时间。

“我们老板对错误基本上是零容忍。他不太关注你做事的过程，只看结果。如果结果好，他就表扬你，给你发奖金；相反，就算你的期望是好的，过程也很努力，但结果不好，也会遭到严厉的批评，扣奖金。

“久而久之，下面的员工根本不敢犯错，遇到事情也不敢做主，事事都要请他指示。

“公司如今年销售额 5 亿元左右。开年度战略会议时，老板定了目标，三年内要让销售额翻番。为了鼓励大家完成这一目标，他还花巨资引进了新的 KPI 考核系统，同时大幅度地调整了销售奖金和基本工资，下定决心开展校招。

“我听人力资源的部门经理说，公司招聘的目标中，至少要招一半以上的 985 大学毕业生。

“但说实在的，我们觉得，无论这些措施如何完善，只要老板不改变自己的性格——不要那么关注细枝末节，对员工犯错宽容一点，这个目标是不可能达成的。

“道理很简单，老板再能干，一天也只有 24 小时。如果员工凡事都要请示他，他就是不睡觉也做不完。”

调研结束后，我们如约进行了轻咨询。我将调查结论整理成报告，分享给他，他看了之后十分平静，一点都不吃惊。

“我意识到问题出在这里了，毕竟我们白手起家，一开始投入的资金都是自己省吃俭用得来的，没法不关注细节，没法不对错误深恶痛绝。

“如今公司大了，有那么多人，要求人人都不犯错是不可能的。我还严格要求他们，他们只能事事请示了。

“但我没想到，这件事会影响公司未来 3 年的战略目标。看来，我必须要痛下决心。

“不过，老师，我总是担心员工犯错不长记性，持续犯同样的错误。我之所以严厉批评犯错的人，并不是不让他们犯错的意思，而是担心如果没有受到批评，他们会持续犯同样的错误。千里之堤毁于蚁穴！”

◇不同错误，不同策略

“我明白您的意思了。我们可以对错误的类型进行区分，针对不同的错误采取不同的策略。

“错误大致可以分为三大类：

“第一大类是偶然性导致的错误，比如无视规章制度、粗心大意、工作能力不足。

“第二大类是因为工作越来越复杂，也就是复杂性导致的错误，比如流程有缺陷，或者明明知道一件事有风险，但因为收益巨大，还是要尝试造成的错误。

“第三大类是不确定性造成的失败。比如企业创新要面临未知的风险，或者公司员工要进行一些探索创新，犯了一些错误。

“这三类错误里，只有因为无视规章、粗心大意的错误需要批评。如果一个人总是因为这些问题犯错，批评也不起作用，就要辞掉这个人。

“其他类型的错误都不能批评。比如因能力不足而犯错，公司不但不能批评员工，还要想办法提高他的能力。一个人的能力不会因为挨了老板的批评而自动提高。善意的批评有助于提升一个人进步的动机，但公司必须要为其提供进步的渠道和方法。

“流程缺陷、明知道有风险但还是冒险尝试，因为想要取得成绩，必须面对难以预料的风险，以及因为探索创新而犯的错误，不但不要批评，而且应该鼓励。

“任正非有一句话：‘如果一个干部既没有犯过什么大错，工作又没有什么改进，可以就地免职。’

“为什么会这样呢？因为怕犯错而不对工作进行改进的干部，其实不是好干部，他根本没思考，心思也没用在工作上。这样的人多了，企业就会陷入泥潭。”

“我明白了，之前真是大错特错。看起来，如今这个局面是我造成的。

“我对所有错误都一个态度——批评、惩罚，导致一个结果，公司的人做什么事儿都要请示!”

“经不起折腾的创业期，的确需要善于把握细节的企业管理者。但当公司进入扩张期和成熟期，过度关注细节就会扼杀创新。

“企业要能容忍大部分错误，毕竟这是大企业的优势，犯几个错误不至于让公司倒闭。但无视规章或者粗心大意而犯的错误，还是要零容忍。

“目前这个局面，怎么才能扭转过来呢?”

◇最佳失败奖

“这个倒不难。您可以学习一些优秀的大公司，专门颁发一个‘年度最佳失败奖’。奖励那些为公司流程制度的完善做出贡献的错误，奖励那些因创新、具有冒险精神而犯的错误。

“同时，公司管理者要鼓励这样好的错误，大家就会承担起自己的责任。”

“最佳失败奖，真是个好主意！具体该怎么做呢?”

“我们根据公司的战略和经营策略，将错误按照上述分类，结合战略做一些表格，并设置相应的评分。然后，年底交给全体员工，让他们填表自荐。

“再成立一个评审委员会，委员会的代表来自公司的基层、中层和高管，您可以做委员会主席。由这个年度最佳错误评审委员会根据员工的自荐表，核实事实、打分，再将分数平均。

“按照平均分由高到低，评审出各级奖项。在这之前，要为相关的奖项设置奖励方式并公之于众，还要公布评审标准，力求做到公平公正地评审错误的价值，最后选出获奖者即可。”

“您说的这个我非常有兴趣！我想请您帮我们设置相关的细节，可以吗?”

“您下决心要做这件事吗？”

“是的。如果对错误的批评会让我失去实现战略目标的机会，我一定要下决心解决这个问题。

“明年我们创业 10 年了，公司销售额达到 10 亿元，是对公司上上下下，以及我自己的一个交代！”

【后续进展】

我们在公司里制定和实施了“最佳年度错误奖”。第一年，员工们觉得这个提法很新鲜，虽然他们将信将疑，但有几个年轻人填了自荐表格。

由于填表的人数很少，所以，第一年填了自荐表的人全部获奖。

公司将一等奖颁给了一个找出公司流程制度漏洞的员工。相关部门完善了这项制度，避免了更大的损失。

奖品也是别出心裁的。这位获奖者获得了和家人欧洲 14 天豪华游的奖品，包括获奖者、他的妻子、孩子，以及父母、岳父母。

这么大手笔的奖励，让其他员工跃跃欲试。第二年，收上来的自荐表数不胜数。

从第二年开始，这位企业管理者的手机再也不用每天充三次电了。虽然还有电话打进来，但谈的事情都是极其重要的。

【管理提示】

（1）犯错了，恭喜你。

领导力学者刘澜，将“犯错了，恭喜你”这句话作为领导力口诀中的一句，号召企业领导者鼓励员工犯错。

没有人能够杜绝错误。很多企业领导者倾向批评犯错的人，但这种行为是错误的。特别是当一些错误出现的原因是寻找创新机会时，这样的错误不仅不应该受到批评，还应该给予鼓励。

人在错误中成长，在错误中进步，犯错造成的成本，是公司培养人才的必要支出。

我们唯一不会鼓励的是那些粗心大意或者明知故犯的错误，这样的错误要在企业里坚决杜绝。其余的错误都是好的错误，需要我们在错误中学习。

当然，在错误中学习是另一种能力，需要不断思考和实践才能获得。

（2）关注企业的生命周期。

伊查克·埃迪斯将企业的整个生命周期分解为十个不同的阶段：孕育期、婴儿期、学步期、青春期、壮年期、稳定期、贵族期、官僚化早期、官僚期、死亡。

每个阶段的企业需要的管理和领导逻辑都不尽相同。当企业像一个姗姗学步的幼儿成长为青春壮年时，企业家要放弃单凭一己之力，以自己的领导风格影响企业的企图。

就像青春期和壮年期的人要交朋友，进入这个阶段的企业，也要将创始人风格变成企业风格，要引入优秀的合伙人基因。

在行为上，这意味着企业的创始人要学会抓大放小，容忍错误。

（3）警惕不犯错误的人员。

特别是公司的管理干部，如果这个人从不犯错，就意味着他没有做好本职工作。

如果一个干部只会按部就班地依赖死扣公司制度行事，将死板的制度当成自己无作为的挡箭牌，这样的人可以就地免职。

【咨询提示】

（1）咨询顾问要协助客户找到问题的根源。

很多顾问会在客户提出类似问题时，简单地要求对方放权，但从不挖掘为什么对方要把权力牢牢把握在自己手里。

如果不能替对方找到出现问题的原因，就无法打消对方的顾虑。同时，还要尽可能以事实来呈现，假如对方不下定决心改正错误，会出现什么后果。事实后果的呈现，只需要最基本的逻辑推理，或者简单的调研就可以获得。

只有这样，管理者才会真正下定决心解决自身存在的问题。

（2）咨询服务是按时收费的，如果无事可谈，也不一定非要等到时间结束。

案例中客户咨询的问题相对来说比较单一和简单，我们只谈了半小时就结束了第一次咨询，原因是后面的进程必须以企业访谈的实际结果作为依据。

领导力方面的咨询有非常鲜明的特点，极少有客户能在不看到事实真相的情况下，意识到问题可能出在自己身上。这也是领导力培训课程和阅读领导力相关书籍很少能帮助企业家真正提升领导力水平的重要原因。

正因为如此，我在做事关领导力咨询的时候，总是需要加入实地调研的选项，相应的轻咨询服务时间就会大大缩短。我历来主张退还剩余时间的费用，直接进入调研环节。

无话可说，非要凑满时间，会让客户质疑你的咨询职业操守。

（3）善用调研获得的信息。

很多老板强烈要求我们提供所有的调研信息文件，包括调研中的问卷、音频。我们只有在去掉任何能让老板分辨出个人信息的情况下，才会将调研资料交给客户。

调研不能变成为老板可能出现的“打击报复”提供依据的活动。同时，受访者是因为对顾问的职业道德操守十分信任，才会坦言相告。

有些咨询公司或者顾问迫于客户的压力，虽然向受访者承诺不会泄露信息，但没有这么做。最后，让受访者卷入公司复杂的政治斗争，深受其害。

不要以为这是说笑，我遇到过公司负责人以“不结清咨询服务尾款”要挟，索要未经处理的调研资料。

（4）警惕咨询顾问成为客户公司中某些人发起政治斗争的雇佣军。

面对规模复杂、人事关系繁杂的公司时，顾问的专家身份和意见会成为某些人打击别人的武器。他们请顾问不是为了解决公司的问题，而是找出自己政敌的错误，从而为自己牟利。

优秀的顾问只会替客户解决问题，而绝不参与客户公司之间的派系斗争。毕竟让我们吃饱饭的是专业知识和方法论，而不是见风使舵、察言观色。

四、不是不想变革，而是不敢

公司管理者支付了重金，请国际上著名的咨询公司为其制定了转型变革的全新战略和方案。但董事会对这套方案数次讨论，还是不能下定决心执行。

公司有足够的资源投入，也有多年的经营积累和商誉，但缺乏能领导转型变革的人才。他们曾经支付天价年薪，先后聘请了3位负责领导变革团队的CEO。

可惜好景不长，这些新来的CEO在公司最久的也不超过6个月。

战略的执行至少需要3年的时间才能初见成效，可公司请回来的人才却很快离职，这种情况让董事会无法下决心发动变革。

随着时间的流逝，变革又到了势在必行的时期……

◇备受煎熬的股东

以往的轻咨询参与人数最多不会超过3个，这次见面，公司来了7个人。董事长不好意思地说："老师，这是我们公司的全部股东。大家都想旁听这次咨询。我们实在太煎熬了，所以，他们等不及我回去传达了。"

客户先斩后奏，我本可以拒绝为其提供服务，但按照公司管理者提供的资料，我很清楚这家企业管理层的煎熬。因此，事先声明了参与人数多可能会影响咨询效果这一潜在风险之后，我决定为客户继续提供服务。

董事长开始介绍公司的情况："我们公司非常重视专业服务机构带

来的价值。在公司管理层发现企业有转型需求的时候，就聘请了顶级的战略顾问公司，帮我们制定了详细的转型战略规划。

“这个规划书在这里，您可以会后简单看看。”说着，对方拿出一本很厚的战略规划。

“我们刚拿到这本规划的时候，对未来充满了信心，但现实很快给我们上了严峻的一课。您看我们这些股东和公司的管理层，全都一大把年纪了，我们根本不懂互联网、数字化。

“刚开始，我们想求助咨询公司。但咨询公司的顾问告诉我们，咨询公司是无法帮助客户一步步落地的，建议我们招聘一个 CEO，由他负责建立一个专门负责转型的团队。”

◇留美博士 CEO

“我觉得这个想法不错。于是，我们找猎头公司帮我们挖人。人很难找，互联网公司的高层都有公司的期权，用猎头公司的话说，是带了金手铐的。

“经过多次的甄选，我们终于选定了一个从美国著名大学留学回来的博士做我们的 CEO。

“当然，待遇也不错，综合年薪 300 万元，对方很满意。

“同时，我们还决定让懂行的人来决策，不参与创新团队的管理，只需要每季度请 CEO 参加一次董事会，给董事会做一个简单的工作进展汇报就行。

“新团队的成员、组织架构全由这位 CEO 来定，我们协助他招人、挖人。”

“这样的条件，如果找对人，对方应该能干起来。”

“是的，不过您说的‘如果找对人’非常关键。不巧，我们现在觉得并没有找对人。

“为什么这么说呢？这位 CEO 在职 2 年，公司先后投入 3000 万元。这 3000 万元不包括之前我们付给咨询公司的费用，是单纯投给这个新成立的创业团队的。

“但我们连一个基本的团队框架都没得到。

“他入职差不多一年半的时候，在一次董事会上，我们有位股东稍微质疑了他汇报的工作进展，结果这个人第二天就提出辞职，没多久就自己创业了，还把他拉来的整个团队都带走了。这是我们的第一次尝试。”

◇天价年薪请不到人

“第二次，我们提高了 CEO 的薪资，找了更好的猎头公司帮我们挖人。用年薪 500 万元聘请了一个有战略思维的、气质风度俱佳的 CEO。

“因为有了第一次的教训，这次我们没有那么宠他。每次董事会，都会对他的工作进行比较详细的提问。

“结果，他半年后辞职了。出去之后，到处跟业界的人说，我们公司的转型项目不能成功，老板格局太小。

“第三次，我们又提高了人才的待遇，把年薪开到 800 万元，可是找到的人如出一辙，在公司做了不到一年就离职了。

“现在，这套规划十分雄伟的方案，砸在我们手里了。

“您觉得，这件事情我们还有机会做成吗?”

“您做了这么多努力，就没有试着从公司内部的员工中找一个能承担重任的人吗?”

“董老师，我们是传统的公司，虽然也有很多年轻人，但都没有过互联网行业的从业经历。如今，公司花了这么多钱，去外面搬来大互联网公司的人都搞不定，内部的人哪能承担如此重大的责任。”

他们想尽办法，试图成功转型，但成功者寥寥无几。对这些企业来说，最大的困扰就是他们找不到能够认同企业的、勇于承担责任又有足够能力的负责人。

我有一个判断：这样的人，只能在公司内部找。

很多管理者并不认同我的想法。他们不认为公司现有的员工有带领一个准备革掉企业的命的能力。

是的，这样的人很难找。特别是在领导力水平低下的公司，即使有这样的人，也被公司的管理者边缘化了。

人也好，企业也好，认识自己，总是最难的。

不过，作为顾问，在不了解实际情况的时候，我无法断言公司的领导力水平是否低下。从董事长前面的描述来看，这家公司颇为重视对新团队的放权，具有清晰的回避意识，不瞎指挥，不管自己不懂的事情。

如果放权是在一个缺乏领导力的环境下发生，混乱是必然的。

“我明白了。这个话题，我们今天无法谈出什么结果。您看，能否购买我的现场服务，我需要到公司，以不公开的身份走访一些部门和员工，还需要参加一两次您组织的高管会议，才能进一步给出结论。

“您可以选择让我试试看，也可以选择就此停止咨询服务，我会退还相应的费用。”

“我们需要商量一下。”他和我说。于是，我起身离开，给他们一点空间。

不多时，一位董事叫我回到室内。董事长告诉我，大家都同意我的要求。他们觉得，事已至此，尝试一下总比缴械投降好。

◇参加董事会议

大概过了20天，董事长给我打电话，通知我参加公司董事级和高管级别的会议。会议结束后，我可以在各个部门做访谈。

果然，在这次高管会议上，我见识了董事长强硬的管理风格。基本上，他的发言要求所有人都按照既定计划执行方案。而这个既定计划，是他指挥团队在年度会议中制定出来的。

按照既定计划执行，是管理；而创新和变革，需要领导力。一个运营良好的公司，既需要管理又需要领导力。有些部门需要管理多一点，有些部门则需要领导力多一点。

而领导力的匮乏是大型企业，特别是经营多年的大企业的通病。

参加了董事会之后，我向接受访谈的人说自己是来讲领导力课程的。因此，想了解他们对公司领导的看法，然后将其安排在课程里，间接地反馈给领导。

结果，大家对访谈跃跃欲试，这给了我一个充分搜集信息的机会。

我带着调研的结果同董事长约定了下一次咨询时间。根据我对所获信息的判断，转型团队的最佳选择就在公司内部。

◇建议提拔内部人才

见面时，我决定直接抛出答案。原因是对这位强势并且思考能力特别强的董事长来说，引起他的好奇心比担心他产生抵触情绪更能打动他。

“董事长和各位董事，根据我上次在公司的调研形成一个结论：公司最好的转型团队在我们公司内部。”

“不可能吧？”

“根据是什么？”

“要真是这样，就太荒谬了！”

果然，一石激起千层浪。我将一份三页纸的调研报告交给他们。

“董老师，这么简单的调研报告，能说明什么？”

“首先，我希望大家搞清楚，变革需要的是什么？

“变革需要新思路、敢于冒险，而且要有人敢于承担责任，还要有足够的能力。”

“董事长说得非常对！变革需要新思路、敢于冒险，而且要有人敢于承担责任和具有能力。

“但我们从未想过，变革的发生路径是不是能被提前规划好？从一些如日中天的互联网公司、科技公司的发展来看，他们的创业从来不是被规划得详细的，是吗？”

为了便于在座的人理解这点，我举例，国内最大的互联网公司阿里巴巴，一开始做企业大黄页，后来又把大黄页升级成 B2B 平台。为了让 B2B 平台能够带来收益，公司又设计了支付宝。然后是淘宝 C2C 平台和天猫 B2C 平台，以及菜鸟等。

这些是规划好的吗？很明显，不是。

此外，阿里巴巴的创始人中，只有马云接触了互联网。“十八罗汉”大多数是学电子工程学和软件学的，对互联网一窍不通。为什么这些人凑在一起就做成了中国最大的互联网公司？

“变革，除了董事长提到的这些，可能还需要长期艰苦的努力。那么，一个空降的高管和团队，对企业的文化和价值观没有深入的了解，他们哪里来的动力跟企业一起进行长期的、艰苦的奋斗呢？

“事实上，要么是这些人高估了自己，要么他们抱着试一试、浅尝辄止的心态参与这个项目。所以，才会遇到挫折就离职，不是吗？

“此外，虽然互联网对商业的影响巨大，但商业的基本逻辑是共通的，变化不大。互联网零售为什么火起来，无非是消费者追求性价比；互联网社交为什么火了，无非是微信这些软件为朋友间的沟通提供了更便捷、更省钱的方式；为什么有团购网站，不过是大家认为团购可以打折，而商家认为订单多了，牺牲一些利润也会获得更大的收益。

“就算是数字时代的转型，消费者画像、数据统计和分析，也是深挖一个消费者的消费需求，提供更适合他的服务。同时，吸纳更多的消费者的尝试性消费。对内的数字化管理和运营，要提高企业内部的沟通效率、管理效率和运营效率。管理的基本逻辑也没有发生变化。

“效率虽然工具变了、速度变了、方式变了，但底层逻辑没有差别——商业要为客户创造价值。

“那么，最懂得我们公司如何创造价值的人是谁？

“公司的员工！

“也就是说，员工其实懂公司创造价值的逻辑。同时，他们也是最认可公司的价值观和企业文化的人。

“那么，为什么我们不去从他们中选出具有学习能力、思考能力的人来主持变革呢？

“新的思维、新的工具、新的方式，就那么难学吗？杭州师范大学和电子工程学院是中国顶级的高校吗？

“我们公司有很多‘清北交复’毕业的年轻人，他们难道搞不懂互联网给商业带来的改变？难道没有学习新事物的能力？公司里的管理者经商多年，难道不懂商业？”

反思能力是企业管理者最重要的能力。接连发生的三次失败，都没有引起公司高层的反思，这证明他们已经被新概念轰炸得不知所措了。同时，证明他们只会按照自己认可的思维方式进行尝试，忽视了从公司内部建立团队的可能性。

“现在，请大家反思一下，我们不断地外聘 CEO 和团队，不断地失败，是不是重复做一件看起来不同，但实际上无差别的事情？”

我留出一定的时间，让公司董事充分地回顾前三次失败。

“董老师，您说得没错，我们以为自己反思了，但实际上没有。我们只是在第二次和第三次外聘 CEO 的时候，更注重其简历中体现的上一份工作的在职时间，来衡量这个人是否会稳定地在公司工作。

“却忽视了外来人对企业文化和价值观，以及对企业的感情。如果我们能反思到这一层，就会尝试在企业内部寻找人才。

“我们公司内部真的有能做这件事的人才？”

董事长对我的看法还是将信将疑。不过，我知道此时，不是给他确定回复的好时机。

“具体谁合适，可能还需要谨慎地甄别，但我认为，公司目前没有别的选择，只能从内部寻找适合的人才。我们可以在取得初步成绩的时候外聘一些管理人才，或者具有互联网思维的产品经理，但绝不能将企业的转型大任交给外聘的，并没有长时间接触的人。这样做，成功的概率极低。”

“刚刚董事长提到反思的层次。这点很重要。反思至少有三个层次。第一个层次，是反思我们的行为。也就是说，我们决定了要从外部聘请 CEO，第一次失败了，我们认为是请人的这个行为出了问题——请错了人，请了一个喜欢频繁跳槽的人。但此时并没有进行更深一步的反思，比如反思我们的目标。我们的目标是什么？找一个合适的转型项目的负责人。

“为什么这个人一定要从外部来，而不能从内部来？如果我们能在目标上反思，就会发现可能我们将手段当成了目标——从外部找人，是手段而不是目标。

“当然，我们还可以进行更深层次上的反思，也就是从我们的价值观、心智模式上反思。公司的管理层在价值观、信念、心智模式上就认为，公司内部不可能有能承担重任的人才。为什么？

“外来的和尚好念经！”

大家又是哄堂大笑。

“如果公司决定尝试新的思路，从内部挖掘人才，我愿意试试，看自己能否帮上忙！”

“那太好了！我们决定试试看！”

【后续发展】

我接受了客户的邀请，为公司制订了一个博才计划[①]，从公司中筛选一些候选人。然后，给他们制订学习互联网和数字化思维的计划，再考核他们的学习成果。

能成功通过考核的人，会获得一笔天使投资，成立新的创业公司来从事与公司传统业务相关的转型项目。

一年半后，这些创业公司中的两个，获得了外部专业投资机构的风险投资。

【管理提示】

（1）遭遇失败后，管理者看似改变了方案，实际上没有，因为他没有对失败进行有效反思。

① Campers——露营者博才计划详见《创业要过哪些坎儿》，或者《高潜牛人：找到你的事业合伙人》，董坤著，北京日报出版社。

三环反思①是领导力的重要内容，反思行为、反思目标、反思心智模式，层次由低到高。当企业管理者能够进行更高层次的反思时，他从错误中学习的能力就更强，学习的结果更好。

不过，大多数人仅仅是反思自己的行为，也就是在遭遇挫折时只是反思三环中最显而易见的一环。

（2）不能忽视变革的持久性和艰苦性。

发动变革的企业，要做好打持久战的准备，无论是从思想上还是资源上。为什么企业要实现变革？原因是原来的经营方式不能满足新市场的要求。我们进行变革的目标，是那些以新的经营方式满足市场需求的企业。

这些新型企业，是数年前的创业公司。它们开展经营时，我们对新的事物还没有看懂或接受时，所以别人有了先发优势，我们落后了。

落后的人，要追平或者缩小和先发者之间的差距，就必须做好准备，要付出更艰苦的努力，更多的时间。

（3）不认同企业价值观的人，不会成功主持企业的变革。

严格来说，这和空降高管加入公司的时间长短并无关系。有些人在公司工作了很久，但依然不认同企业的价值观；有些人刚刚加入就对企业价值观十分认同，因为这个价值观符合他的人生观。

我们在筛选重要变革的发起人、领导人的时候，往往只看重他的才能和工作背景，却忽略了他对企业价值观感受的考察。很多公司连自己的价值观都没搞清楚，自然不能考察候选人是否认同它。

变革是需要长期付出艰苦努力才有可能获得成功的事情，价值观上的差异，让人不能承担这项重大责任。

【咨询提示】

（1）咨询顾问要学会看情况选择服务提供的方式。

引导式顾问方式（探询式咨询），是针对那些较为弱势，对未来和

① 领导力研究学者刘澜在总结了克里斯·阿吉里斯的双环学习、彼得·圣吉提出的三环学习观点的基础上，提出了领导者需要进行三环反思。

自己缺乏信心，立场容易发生转变的人，比较有效的顾问方式。

这些人必须要将事情搞清楚，并且说服自己才会采取行动。

案例中的客户，斥巨资，三次失败，三次重来，目标和信心十分坚定。对这样的企业管理者来说，直接专家型的咨询方式更容易被接受。道理他都清楚，事情坚决要做，咨询顾问直接帮他找到问题、解决问题，高效精准，无须顾虑其情绪上的变化。

（2）咨询顾问要学会讲故事，并通过故事呈现逻辑。

讲故事，是优秀顾问必备的能力。一个能启发客户的、真实的好故事，会让他对咨询意见的理解，以及记忆更加深刻。

当然，故事讲完后，咨询顾问要将故事背后的道理、逻辑呈现给客户。这样，客户就能或是接受这个逻辑，或是思考形成自己的逻辑，乃至推翻顾问的逻辑。这个思考过程会让他受益，从而体现出咨询服务的价值。

第五篇

品牌管理：总体价值的心智投射

关于品牌，有很多定义。

我认为最好的关于品牌的定义是：产品和服务中包含的总体价值是在消费者心智中的投射（品牌能提供什么价值，以及消费者在心里如何看待这些价值）。

品牌升级，就是要达成内外统一：品牌意味着我想传递某种价值；消费者接受并认可这一价值（品牌）。

一、产品是好产品，就是无人问津

品牌等于知名度？

这可能是个误解。当然，当一个品牌具有知名度后，消费者更愿意为品牌支付一定的溢价。但这是品牌有了知名度之后才会发生的事情。

我们如何把自己的牌子、商标做成有知名度的呢？

单靠产品好，能否提高品牌的知名度？到底该如何打造出一个优秀的品牌？

◇新品牌的困境

“老师，您看，我们这款机器外观如何？”客户指着一款外观非常不错的空气净化器问。

“非常漂亮，我还没有看过这么漂亮的空气净化器呢！”

那时候，随着北方雾霾加重，以及 PM2.5 的概念深入人心，人们开始关注空气质量。空气净化器成为很多家庭，特别是北方家庭必备的产品。

市面上出现的，大多数是采用工模的产品。所谓的工模，就是模具厂为一类有潜力的产品开模，然后通过推广这款模具给人贴牌来出售自己的模具产能。很多厂商为了追求进入市场的速度，难免对产品粗制滥造。

这家位于深圳的公司，之前是为富士康做电脑机箱外包生产的一个服务商。创始人积累了一些技术和资金资源后，希望能够以空气净化器产品，进入小家电市场，塑造自己的小家电品牌。

与此同时，电子商务平台正在席卷中国大地。公司管理者觉得机会来了，于是斥资80多万元开了一套独有的模具，力图打造自己的小家电品牌。

“我们投资了80多万元来开模，这套模具是我们独有的，还申请了外观专利。不但在模具上有投入，还在产品技术上做了很多改进。

“比如除了空气过滤技术，我们还加入了臭氧技术，为使用产品的消费者提供适度密度的氧负离子。产品还用了最贵的静音电机，这样晚上就不会吵。空调机的噪音标准是室内机不超过45分贝，我们这个只有36~38分贝，远远优于国家标准。

“最厉害的是，这款机器还带有空气加湿功能。您看这里的按键，客户可以一机多用，采取完全不同的工作模式。”

随着客户的介绍，我意识到他们真的在这个产品上倾注了很多心血。

“问题来了，因为是新公司、新品牌，所以我们找的经销商、消费者，都认为这款产品的售价过高。

“如果降低售价，扣掉产品和人工成本，公司就会亏损。如果亏损，公司怎么能做出优秀的品牌呢?

“您有办法帮我们解决这个矛盾吗?”

◇如何让品牌快速崛起

“市面上有相关的竞品吗？竞品价格怎么样?”我需要摸清楚相关的竞争情况。

“有，竞品很多，甚至不乏一些非常大的家电品牌。但这些品牌并没有在这个品类上太用心。不知道为什么，他们的产品在我们看来很低端，无论是功能还是外形都不行，并且售价很低。

“新品牌受困于成本压力，反而售价很高。

“换个角度想想，就算是我，也会买那些大牌的产品。我们的产品虽好，但品牌知名度太低了。”

企业管理者和企业中负责品牌管理运营的人常认为，知名度高的，就是品牌；而知名度低的，就不是品牌。所以，面对类似的难题，有实力的企业会依赖投广告，扩大自己的产品知名度。

真的是这样吗？速成真的可以吗？

吴晓波的《大败局》中记录了很多声名赫赫企业的成败历史。这些企业和品牌失败背后最重要的原因是，这些企业将知名度等同于品牌。它们投入巨资，竞争央视广告的标王。对这些公司来说，广告一停，销量就下降；广告一上，销量猛增。

所以，知名度高并非是一个品牌的全部内涵，只是广告商只会向我们强调知名度这一个要素。

“这样的说法很有意思，您说您也会买大牌子的产品。我能问问，您为什么会这么想吗？”

“这很简单。第一，比如家电领域某某大牌子的一款空气净化器售价 499 元，而我们的最低配款要 699 元。我们的产品价格贵，消费者又没听说过这个牌子，所以他们怎么会愿意多付 200 元呢？

“第二，大牌子质量有保障。买净化器的人都会想，如果产品买回来，不好用或者坏了怎么办？大牌子售后服务也有保障。就算大牌子最后不认账，消费者选择采用法律武器来保护自己，大牌子也能赔偿更多。

“第三，大牌子产品放在家里、办公室里有面子。”

“您分析得很全面，也切中要害，基本上将消费者心中对品牌的依赖和信任列出来了。

“我的下一个问题是：这些优势哪些能在短时间里建立起来？”

她想了想说：“我觉得上述任何一个优点，都不是在短时间内可以建立的。”

“没错。品牌背后其实存在一个价值系统。这个价值系统包括具有竞争力的知名度、美誉度、售货服务体系、供应链管理、供应商关系、人力资源等。

“缺乏任何一项，品牌都无法满足顾客对他的期待。”

“也就是说，不存在快品牌？”她有点沮丧地说。这意味着公司想要依赖电商时代的快品牌战略迅速实现超越的梦想破碎了。

“我了解过快品牌的观点。快品牌可以出现并存在，但需要一个完善的社会配套系统。

“比如当售后服务活动专业化时，有专门的公司来承接品牌的售后服务项目，公司就没有必要单独建立自己的售后服务渠道了。

“如果供应链管理有相关的服务公司来做，那么也不需要公司去研究供应链。

“目前，电商才刚刚开始起势，所以，公司必须想办法完善上述我们谈到的服务。”

“我们该怎么办？”

“您现在能理解知名度实际上仅仅是品牌内涵中的一个要素吧？”

“嗯，我理解了。之前总有人建议我们打广告，如今看来，如果我们真的投资打广告，一定会血本无归。相应的品牌配套系统没有建立起来，单纯地提高知名度，只会给公司带来损失。”

◇农村包围城市战略

“下面，我们要思考，如果依赖公司目前的资源，我们需要的售后服务体系、供应链、供应商和懂得品牌运作管理的人员，能投入多少，有没有预算？”

“我需要回去估算一下，但预计不会太多。毕竟我们在产品上花了过多的研发费用，并且还处于创业阶段，很难一下子投入过多的资源。”

“当我们确定预算后，接下来就要考察市场。既然预算不多，我们就要想办法，选择一个需求最旺盛的区域市场，集中优势资源，在这个区域市场里先实现一定的品牌认知度和品牌体系。

“当我们在一个区域市场中取得成功后，就可以获得新的资源、梳理出可复制的推广方案，以及吸引优秀人才。

“这时候，再考虑如何将品牌扩大到更大的地方。

“另外，我们要关注相应的社会配套公司和服务什么时候能成熟，与对方合作要什么条件？另外，在研发上我们也能持续推出新产品，比如功能稍微单一的产品，降低成本。同时，增加产品质量的稳定度。

“您觉得这样可行吗？”

“我们可以去北京！”

“北京是一个好选择。一方面，需求足够刚性；另一方面，消费能力足够。但要想打开北京市场，需要较大的投入。

“您看，因为目前我们希望创造新的品牌。所以，最好参照那些大牌子的发展路径，寻找自己的战略，而不是跟随大牌子的战略。

“任何大牌子都不会放弃北京市场。但他们有钱、有人、有渠道、有资源，也有企业能力，如果我们和他们一起在北京这样的市场展开竞争，胜算大吗？”

她陷入了思考，“如果不去北京，您有什么建议？”

“邻京富裕城市。”我回答，“我做过的一个案例可以和您分享一下，您知道苹果醋饮料品牌××壹号吗？

“他们之前的市场推广策略是集中在深圳、广州这类大城市。但大城市的饮料品牌太多了，于是我就建议他们去二线城市，比如东莞、中山。

“苹果醋饮料当时不多，而且这个品牌也没那么响亮，关键是它的价格很贵，要16~18元一瓶。之前的瓶装饮料，比如当时非常火爆的王老吉也不过是10元左右一大罐，如果是易拉罐，也就5元左右，对标可口可乐。

“开始他们用玻璃瓶罐装，选了红酒瓶形状的瓶子，让产品的成本无法与传统的饮料相比，成本上处于劣势。

“后来，公司的营销团队在二线城市开始布局，给饭店、便利店、超市供货，同时投放那种刷墙的广告和大幅海报。

“二线城市的饭店、便利店及超市里面，有特色的饮料品种不如大城市丰富，进口品牌几乎没有。但东莞和中山有很多农庄饭店，这些饭店将苹果醋作为特色饮料推荐给客户。

“喝醋健康，苹果醋口感没那么甜，大受欢迎。这样新品牌就获得了立足机会，然后再进攻全国市场。

“我觉得这个案例和您的空气净化器在推广、产品价格和定位上有些类似。不知道您能受到启发了吗?”

“我明白了！我们可以入驻一些邻京富裕的二线城市中的高端商场。其实，邻京地区的消费能力也是不弱的。

“那些地方的高端商场，入驻和推广费用也比一线城市低很多。我们的产品性能好，样子漂亮，大城市都少见，更何况是二线城市呢?

“二线城市的商场，不愁购买力，发愁的是被大品牌歧视。

“谢谢您，我们先去看看能拿出的预算，再看看区域市场的选择。您今天提到的还原大牌子打造的历史路径，这一点对我来说特别有用。

“有了这句话，我就不会再被一些广告商、营销策划人员影响，做出错误的选择了。”

【后续进展】

半年后，这家公司在廊坊、燕郊、石家庄、保定、唐山等城市的大卖场开了空气净化器的专柜，受到了消费者的青睐。

此后，公司又开发了多款新机型，并随着销量的增加大幅度降低了产品的硬件成本，为消费者提供了更多性价比极高的产品，因此初获成功。

【管理提示】

（1）知名度是影响品牌价值的一个重要因素，但并非是品牌价值的全部要素。

企业要做成一个能影响消费者购买决定的品牌，一定要围绕品牌的核心主张，打造一个价值系统。

你的品牌价值主张是什么，价值系统中就要包含与品牌价值主张相符的内容。这个价值系统，是客户可以感知、熟悉、认可品牌价值主张的基础。

知名度，仅仅是这个系统的一点。

（2）还原一个品牌从创立到被认可的路径，可以启发新品牌的创立。

品牌对标是建立品牌的一种思维，当市场中有强势品牌出现的时候，跟随者可以对标强势品牌的战略，打造跟随品牌。

品牌的建立需要一个相对漫长的时间和自身的成长逻辑。由于两家公司面临的环境、竞争强度、政策和社会不完全相同，新品牌想要缩短品牌发展周期，直接对标强势品牌的多年积累，任何一个细节上的疏忽，都会造成失败。

新品牌的创立者，不如努力还原强势品牌的创立路径，然后找出每个促进品牌发展的节点，结合自身的情况，找出自己独特的品牌战略。这会大大提升品牌塑造的成功率。

（3）到竞争不激烈的地方去。

新品牌的创立，最好从竞争不激烈的地方开始。尤其是当行业内已经有了强势品牌时，新品牌最好从竞争较弱的地方开始。

后来，著名的“小镇贵妇”、拼多多和新名词“下沉市场”，都是在对这一理念的实践中获得成功的。

【咨询提示】

（1）品牌咨询顾问的工具箱要多元化。

很多所谓的营销顾问、品牌顾问非常不专业，对品牌的了解很浅，或者干脆故意迎合客户急功近利做品牌的心态，将所有的精力用于品牌推广。

他们的工具箱中，仅有“事件营销”“热点营销”“爆点营销”等工具，从不涉及对客户品牌体系的打造。

优秀的品牌管理咨询顾问，要有更高的品牌素养，建立更系统的品牌思维。

（2）预算思维。

品牌顾问要有极强的预算思维，能根据客户提供的预算制定推广方案，而不是漫天开口。

否则，就算品牌知名度有所提高，也能造成企业突然失败。

（3）呵护新品牌，而不是凡事都摧枯拉朽般地对待。

新品牌需要呵护，在制定品牌战略过程中要体现这点。不能凡事都采取大牌子重投入、大气势、高举高打的品牌打造模式。

针对新品牌的战略，始终要以品牌价值的健康增长为基础，逐步打造品牌体系，精心呵护它，并为客户提供持久的服务。

要知道，有些优质的品牌管理顾问公司，会在十几二十年里，一直伴随客户成长，最后共同取得成功。

二、品牌故事有用吗

人们喜欢听故事，也很喜欢讲故事，条件是你的故事要有动人心魄的内涵，并赋予传播者一种强烈的身份认同。

只有这样，他们才会拿起你的品牌故事工具，帮你的品牌名扬四海。

◇毫无传播力的品牌故事

一家餐饮公司请著名的品牌定位公司为其品牌书写了一则品牌故事，并将其拍成视频。这家公司因此支付了对方40万元人民币。

但公司的创始人感觉这则品牌故事并不能为餐厅品牌增强推广张力。他说："老师，这则品牌故事的内容大概是：品牌创始人出生在潮汕的一个小村庄，从小就喜欢吃爸爸给他做的传统家乡烧鹅。然后讲述爸爸是怎么养鹅的，养到多大的时候最好吃，肉质如何鲜嫩。接下来就开始讲述烧鹅的做法工序，多么费时费事，最后才成了食客盘中的美味。这种美味既健康又能满足挑剔的味蕾。"

"您觉得这则品牌故事哪里有问题？"我问道。

"好像一味地自吹自擂。我采访过餐厅的食客，没有人注意这个在店里不断滚动播出的视频，也没人替我们传播它。

"这则品牌故事一点都不吸引人！我觉得品牌故事对提升品牌价值没多大用处，您怎么看？"

我知道，有效的品牌故事大致上分为两种：一种是传统的"制造焦虑－提供解决方案型"。这种品牌故事立足于描述消费者遇到的困难，而自己为消费者解决了之前造成困扰的难题。

◇赋能型品牌故事

另一种是赋能型品牌故事。比如2004年，多芬就采取了赋能型品牌故事制作了一个名为《进化》的广告片。它无声地展示了一个普通的，甚至看起来面容有些憔悴的模特，如何在修图之后成为一个完美的封面女郎，揭示了模特的美只不过是数字时代的魔法而已。

显然，那家著名的品牌定位公司给这家餐饮企业写的是一则“制造焦虑－提供解决方案型”品牌故事。只不过制造焦虑的部分被淡化了，只是简单地提了一下消费者的困扰：想吃肉食，却怕长胖。然后，更多的内容是给消费者提供解决方案。

“我讲一则品牌故事给您听，您感受一下这家公司的品牌故事有没有用。

“一个叫布雷克·麦考斯基热爱旅行的美国人，有一次，在阿根廷旅游时，发现当地有一款已经制造了100多年，积累了很好工艺的懒人布鞋，穿起来十分舒适。同时，当地很多贫穷的儿童，却连这样的鞋子也穿不上。于是，他萌生了一个想法：把阿根廷的布鞋卖到美国去，然后每卖出一双鞋，就给孩子们捐一双鞋。

“有了这个想法，他就和朋友开始了创业。他们给自己的鞋品牌起名叫：TOMS。TOMS是Tomorrow’s Shoes的英文缩写。

“一开始，布雷克并未意识到品牌故事在自己创业过程中的重要性，直到有一天，他在肯尼迪机场发现旅客中有一位女士穿了他的TOMS鞋子。

“于是，他问那位女士穿的鞋子是什么品牌？

“这位女士兴致勃勃地为他介绍，TOMS是一个慈善而伟大的品牌，是洛杉矶的一个善良而有野心的小伙子创办的品牌。‘你知道吗？我穿上这双鞋子，就意味着他们会给贫穷的人们捐出一双鞋子，对我来说太有意义了。’

“这件事，让布雷克意识到了品牌故事在创业过程中的作用。

“于是，他精心打磨了 TOMS 的品牌故事。

“故事是这样的：

“你该如何向身边的朋友展示，自己是一个热爱给予而不是只追求索取的人呢？

“和他们说吗？谁会相信你呢？

“可能你并没有好办法表达自己。但让自己的亲人和朋友，以及同事知道自己是个随时愿意提供帮助的人，这件事有多重要，不用我提醒了吧？

“人们会乐于与善良的人交往，请求他们的帮助，同样也会为他们提供机会和帮助。

“这很重要，对于提高你的人际关系能力非常有用。但你却没有办法表达自己，毕竟没人愿意相信一个只会不停地说的人。人们会认为，能说会道的人只是在标榜自己。

“如今，有了 TOMS，你只要穿上这双鞋子，就可以表达你是一位有爱心，愿意为别人着想的人了。

“你买一双 TOMS，我们就会以你的名义，帮你向世界上贫困地区的儿童捐赠一款同样的鞋子。

“然后，展示了大量捐赠活动时拍摄的照片。照片中有孩子们穿上鞋子时兴奋的笑脸，和父母看到自己的孩子有鞋穿时满脸泪水的面庞。

“这个故事深深地打动了那些希望在人际关系上获得提升的，有着刺激自我性格的有远见者。

“他们立即行动起来，让 TOMS 在短短 5 年的时间里，就向穷人捐赠了 100 万双鞋子。”

接下来，我向他讲述了打造品牌故事的两种思路。等他明白了两种思路的不同时，我继续说：“当‘焦虑制造 - 解决方案型’品牌故事刚出现时，还是非常有效的。但随着越来越多的品牌都使用这个套路，人们不再相信用了特效的洗发水广告，或者经过化妆及图像处理的美女。

“这时，赋能型品牌故事就诞生了。故事承认消费者不是完美的人，并在此基础上肯定他们，激发他们的善意，同时为他们达到自己的目标，实现自己的理想去赋能。

“消费者熟知了赋能型品牌故事之后，多数会以成为该品牌的用户而倍感骄傲。比如TOMS鞋子的客户会为自己穿TOMS而感到骄傲，苹果迷也会因为自己使用苹果的产品而感到自豪。

“现在，你觉得，品牌故事对品牌价值的提升有价值吗？”

“毫无疑问，价值巨大！之前我们的品牌故事思路错了。现在，我们要找一个角度，梳理出自己的赋能型品牌故事。”他说道。

“TOMS的品牌故事中还有一个重点，就是公司从上到下都坚持践行自己在品牌故事中做出的承诺：他们真的不折不扣，一个不落地捐出了他们的鞋子！”

“我明白，一定要真实，要说到做到。如果不去践行故事中做出的承诺，早晚会被戳穿，被当成是骗子！”他肯定地回答我。

“只是我们这个做烧鹅的店，怎么才能找到赋能的角度呢？难道我们也承诺，消费者购买一份烧鹅，我们就捐出一笔款项来给希望工程？”

“赋能型产品故事有一个框架，在这个框架里，我们可以找到适合自己的切入点。”

“您能介绍一下这个框架吗？”

◇赋能型故事框架

“赋能型故事框架的基本逻辑，来源于约瑟夫·坎贝尔的英雄之旅。它强调：第一步，要深挖和强调故事的核心价值观；第二步，为故事设计核心元素；第三步，生产一个有趣的故事；第四步，践行你所讲述的故事。

“这里说说坎贝尔的英雄之旅。它是一个有12个阶段的英雄诞生的过程。

“第一阶段，坎贝尔认为，任何英雄在发现自己是个英雄之前，都来自平凡的世界。

“比如以超人为例，虽然故事中的超人来自外星，拥有地球人无法理解的能力，但实际上他也仅仅成长于繁华美国的一个普通的农户之家。而他拥有的能力，也没有给早年的超人带来任何好处。

“第二个阶段，尚未出名的英雄们，或许因为亲人的去世或者其他重大打击，开始感受到一种莫名其妙但发自内心的历险的感召。

“第三个阶段中的英雄，可能会让人大失所望地拒绝这种感召。在他的内心，自己还是那个平凡的人，丝毫不觉得自己可以胜任命运中被安排的任务。直到在第四个阶段时，他遇到了自己的第一批帮手——人生中的导师。

“第五个阶段，英雄认识到自己的使命，开始了追寻自我的旅程。他跨越了第一道门槛——初步认识自己，找到了略微浅薄的自信和自尊。

“至此，英雄们开始进入了一个自我历练和历险的世界中。

“第六个阶段，英雄离开了家，然后遇到了一些初步的历练。他会找到自己的第一批盟友，狮子王故事中的疣猪彭彭和细尾獴丁满，就是小辛巴的历险经历中的好友。

“第七个阶段，英雄们会发现自己的身世及遭遇，并找到真正的对手和挑战。他开始探知到埋藏于自己身世和人生之中最隐秘、最黑暗的背景故事。

“第八个阶段，英雄们开始经历苦难折磨。

“面对强大的敌人，他们或许会退缩，但总是能承受住苦难的考验，继续前行。

“第九个阶段，我们的英雄会迎来命运的奖励，或者得到一个魔法杖，或者命运给了他第一次成功的机会。女朋友不声不响地离开后，阿甘跑遍全美国，为自己赢得了巨大的名气，这算是现实生活中的奖励。而神话故事里，一般来说，英雄都是获得了某种装备或者新技能。

“第十个阶段，英雄可能会沾沾自喜，在历险的世界中，在他擅长的领域内，英雄们往往会成为一个厉害的角色。但他们并未真正开始给大众带来价值。此时的英雄，并没有被人们认知。

“第十一个阶段，平凡世界中，人们悲惨的遭遇，或者英雄受到新的教诲，让他们下定决心回归到平凡的世界，准备为普通人提供帮助。

“这种经历，会让英雄们有重生的感受，他找到了执行自己被命运所赋予的使命后，满满的成就感，这相当于一种深刻的重生。因此，英雄也就有了一生中最重要的追求。

“第十二个阶段，我们的英雄，带着更大程度的觉醒和领悟，重新返回平凡的世界，为维护和守候这个平凡的世界而付出心血，并成为众生敬仰依赖的英雄。

“任何一个故事中和现实中的英雄，几乎都要经历这个过程，才能历练成一位举世瞩目的大人物。如果有人在任何一个环节上中途退场，比如始终拒绝感召，或者承受不了苦难折磨，甚至获得了技能之后拒绝回归平凡的世界为平凡人做出贡献，那他都不会以‘英雄之名’被人铭记。”

他快速地做着笔记。

“我曾经充满怀疑地对照了不下20个广为传播的英雄故事，结果无一逃脱这一框架。

“其实，你可以认为每个人心中都有这样的追求，只不过有些人被生活磨平了棱角。以坎贝尔的英雄之旅结合马斯洛的个人需求理论，我们很快就能得出一个结论：任何一个自命不凡的人，内心深处都住着一个英雄的自我。

“只不过大多数人都选择了在实现自我的英雄之旅里中途退出，从而没能真正实现自我。但每个人心中的这个‘英雄的自我’是可以通过赋能型故事被唤醒的。

“一旦它被唤醒，人们就会充满感动和斗志，从而被深深地打动。”

“老师，这个太棒了。不过对我来说还有些复杂，我需要消化一下。”

“你可去读读坎贝尔的书。”我建议。

【后续进展】

轻咨询结束后，这位创始人立即购买了约瑟夫·坎贝尔的《千面英雄》。他通过读书，掌握了赋能型品牌故事的核心，并找到了书写自己品牌故事的切入点。

后来，借助优秀的品牌故事，他的餐饮公司越来越大，创造了非凡的绩效。

【管理提示】

（1）当一种工具失效的时候，在质疑工具的有效性之前，管理者应先审视自身是否理解了这个工具的内涵，并正确地应用。

（2）管理者应该尽可能多地掌握管理工具，或者与熟悉这些工具的人，或者机构合作。

（3）管理者在审视第三方合作公司的专业性时，不应过分参考对方的名气，而了解对方思路的实质性。

如果第三方拒绝和你说清楚问题（称你不是专业人士，很难跟你解释清楚），那么即使对方再有名气，我也建议你立即离开。真正的专业人士，一定会为客户将解决问题的思路陈述清楚，提出方案供客户参考。

另外，某些非常有名气的顾问机构，其创始人和早期顾问具有相当的实力和耐心。但在出名之后，为客户提供服务的往往是一些近来才加入公司的，这样的人，也是无法将问题的解决思路向你解释清楚的。如果你信任这个机构，那么请你要求换人来服务。

【咨询提示】

（1）当客户对某个领域了解甚少的时候，咨询顾问可以为客户详细地介绍这个领域内的知识。

引导咨询法在客户对某个领域了解甚少的时候，不会起到什么作用。咨询顾问要根据客户在咨询过程中暴露出来的知识缺陷，适当地为其提供新的知识。但要掌握好提供知识的程度，确保客户完全理解你所说的，又不至于被过多的信息困扰。

（2）当客户明确了所需知识点后，咨询还要回到引导启发的形式上。

（3）不要批评客户和为客户提供过服务的第三方。

批评客户，或者批评他选择的第三方（其实就是批评客户的眼光），都会激起逆反情绪。当逆反情绪存在，你说的任何话，对方都听不进去，更不会采取行动。

三、广告投放后，钱没少花，效果不大

当新产品或者新服务准备投放市场的时候，为了获得消费者的关注，我们都会想到投放广告。

广而告之，当然是让产品和服务为人所知的途径，虽然并非是必要的。但仅仅广而告之是不能给产品和服务带来实际的销量的。

那么，要如何打破这一僵局，让广告投入带来实实在在的销量和品牌知名度的提升呢？

◇陷入超级竞争的行业

“我们公司是做女士内衣外销的，现在最大的困难就是海外有很多内衣品牌，而且大牌基本上都是国外的。

“虽然大家心知肚明这些品牌内衣的生产几乎都在中国，但产品缺少品牌知名度，就会让我们的产品利润微薄。”

内衣行业的主要成本其实不在内衣的生产和设计，而是品牌效应。如果按照生产原料来计算内衣成本，那么这个成本几乎是可以忽略不计的。

正因为如此，类似维多利亚的秘密这种品牌，每年都要投入大量的营销费用提升品牌知名度，从而获得超额品牌溢价。

“我们产品的目的地主要是中等发达地区。欧美市场里，新品牌几乎没有竞争力。内衣不像服装那样版式非常多，即便是大牌设计师，每年的作品也不会太多，那就更不能参考别人的版式了。

“因此，我们放弃了依赖版式差异化而获得竞争优势的方法，进而

通过新材料的研发，打造一些轻便、塑形、透气、舒适等功能性特点，吸引一些对时尚潮流没那么敏感的客户。

“在电商平台上架后，为了提升店铺销量做了一些站内广告。广告一上，销量就增加；广告一停，销量立马调头直下。

“有几个电商做得不错的朋友告诉我，要投一些站外广告，用于向站内引流，这样就会让销量稳定一些。平台也会根据站外引流的情况，提升产品链接的搜索排名。

“于是，我们每月投入20万美元左右的费用，在推特、脸书和谷歌上分别投了一些软硬广告。如今看来，店铺流量很大，但成交率没有多大提升。不但没有提升搜索权重，反而因为成交率降低，导致平台判定转化率低，降低了自然搜索流量。”

“您觉得为什么会出现这个问题呢？”

“站外广告的投放是面向广大网友的，人群定位不精准。比如我们查看了广告后台的数据，浏览广告的很多是男性、小孩。这些广告是按照点击收费，而男性和小孩通常不是女士内衣的客户。

“我们的内衣偏中老年化，强调舒服和塑性，并非维密那种走性感路线的。”

“还有其他原因吗？”我追问。

“这个我们就想不到了。”

“我们一起来分析一下。首先，我们的产品有清晰的客户定位。从您提供的资料来看，在我们店里购买产品的人多数是35～60岁的女性，这个年龄段的客户购买率超过了60%。还有一些25～35岁的女性客户，以及25岁左右的男性客户，对吧？”

“没错，数据显示是这样的。”

“这意味着我们的内衣品牌强调的舒适、透气、塑形这三个特点，基本上都被客户接受了。我们试想，35～60岁女性，大多数已婚，工作比较忙。另外，到了这个年龄，基本上不走性感路线了，主要在乎自己穿内衣的感受。所以，舒适、透气、塑形是她们看重的特点。

“为什么会有25～35岁的女性客户也来店里买内衣呢？您有没有想过这个问题。”

“是因为价格便宜？”

“这是一方面，但我们注意到年轻女性也非常在乎自己穿内衣的感受。所以，她们虽然喜欢性感漂亮，但也会在需要放松的时候，穿一些舒适的内衣。此外，我看了你们的网站，虽说内衣设计不像维密那样，但也有性感的成分。

“此外，塑形这个卖点也很吸引人，特别是30岁左右的女性，如果已婚，身材开始走样，塑形也是她们的需求。

“这些后台数据让我了解到，你们在产品设计上下了不少功夫，能把内衣设计得既舒适又能兼顾塑形的功能，实在难得。”

“这只是为了突出品牌的特点。我们关注新材料的应用，有一些新材料穿上身的确是既舒适又塑形。我们还和东华大学（原中国纺织大学）的材料研究实验室签订了合作协议，积极实验和采纳他们研发的新材料。”

“你们非常用心！”我称赞道。

◇广告营销是一个系统

“综合上述研判，我认为公司产品强调的定位功能，是被消费者接受了的。接下来投放广告，但在投放广告的时候，要做很多策划工作，从内容到渠道及设计流量漏斗，这些都没有做得很好。从您提供的资料和信息中，我没看到公司有在这方面下功夫！”

“不瞒您说，我们都是做产品出身的，对广告投放的知识不了解。所以，我们在上海找了一家专门为跨境电商运营电商站内、站外广告的公司，让他们来帮我们制作广告内容，选择投放渠道。”

“他们有到公司调研吗？或者有没有关注公司的产品特点？”

“他们没有做。这是一家很大的广告运营公司，他们可能认为我们这个类目，自己很有经验吧。”

“您能列举一下他们选择的投放渠道吗?”我问道。关于广告内容，我已经在轻咨询开始前浏览过了，找到了很多问题。

“无非就是脸书、推特、谷歌这些渠道。”

“更细分一点的呢?”

“这个资料我们没有，广告公司没有提供给我们。”

“您能不能想办法拿到一份？投放渠道和各个渠道的消费金额列表，我相信广告公司会有的。”

不多时，我们就拿到了一张电子表格。表格显示，上个月公司的广告支出总额超过了20万美元，达到了21.5万美元。而绝大部分的广告支出，是投放在脸书和推特上的，主要方式是通过一些知名的美妆、首饰、护肤品、情感、女性成长话题的帖子、播主分发或转发广告，在广告中直接挂上产品下单的链接。

在脸书的广告后台数据设置，发现在广告受众选择的设置上相当宽泛，没有注意其精准度。

一般来说，广告投放的目的可以分为两大类：其一，有实力的大品牌为了不断提升自己的品牌优势，长期投放广告。比如维密、可口可乐，并不在乎一时一刻广告带来的销量。第二类就是一些小品牌，投放广告的主要目的就是希望获得客户订单。

受众宽泛的广告设置显然是提升品牌优势的。只有精准投放，才能真正带来订单。

我把这些从广告投放数据中观察到的结论分析给企业管理者听，她表示自己公司里的人和广告公司的人，从来没有和她说过这些。

“广告公司将我们的广告投放覆盖的客户范围非常广，这是提升品牌优势的广告投放方式。我不知道公司是否有足够的资金投入单纯提升品牌知名度的广告上，这种提升品牌的方式需要长期持久的高额投入。”

“可能广告公司误会我了。您这么一说，我想起来他们确实是做过客户的调查。当他们问我的想法时，我说公司的愿景就是要成为一个全球知名品牌。但这是一个愿景，目前我们还是要订单。”

“可能对方没有领会您的意思。您回去后，可以将想法完整地表述给广告公司。”我建议。

“广告的效果，也就是带来订单的能力，取决于广告制作内容和分发渠道。渠道上的问题要力求精准，您回去跟广告公司提出要求，他们会有所改善。

“现在，我们来看看投放出去的广告内容。您对这个内容感到满意吗?”

广告的内容非常简单，是传统的内衣广告电商长图。

首先，是几位身穿产品内衣的模特，摆出各种姿势的大幅照片。照片上的文案写着表达出既性感又舒适的文字。

其次，是产品材料的简要介绍，此刻才强调舒适、透气等特点。

再次是尺码表，最后是产品的技术检测信息。

“我说不上满意不满意。但内衣广告页面不都是这样的吗?”她问道。

“您说得没错，可我们的产品不同，公司花了那么大的力气来打造产品，运用新材料制作了既舒适、透气又有塑形功能的内衣，这个广告页面并没有刻意强调这些优势，使我们的内衣和其他内衣看上去一样，甚至不如那些性感的维密内衣的广告页面。”

“但材料上的进步都是技术性上的，没办法通过广告来向消费者解释技术细节。就算介绍了材料技术，消费者也看不懂吧?”

◇为新技术讲个故事

“您说得没错，但我们可以为技术讲个故事。你看看苹果公司的广告，从来不强调技术，却可以让人感到技术实力雄厚。这就是为技术讲个故事的威力。”

说着，我给她看了一则 iPhone 的广告视频，让她体会为技术讲个故事的意境。

“‘每天，有更多人用 iPhone 记录他们的生活’。这句广告语真的好有代入感。”

“我们的内衣也可以。”

“您能说得更具体一些吗?”她对这个话题很感兴趣。

“首先，我们需要找到一个生活场景，同时寻找更精准的客户定位，从她们中选出一位代表。现在，假设这位代表是一个五六岁孩子的妈妈，白天要上班，下班带孩子，晚上要和朋友聚会开 party。

“如果她穿的内衣不舒服，会对自己上述行为造成什么麻烦?”

“烦躁，身材走样，缺乏自信。”

“也就是说，优质舒服的内衣赋予她们优雅健康的生活。”

“没错!”她有点兴奋。

“接下来为产品找一个打动情感的切入点。”

“号召女人学会呵护自己?”

“或者号召男性疼爱她们。”

“精彩!”她不禁鼓起掌来。

“按照这个思路，我们去写一个平面或者视频广告的脚本，交给广告公司。相信广告的内容就会有极大的改善。”

“您说的值得我们去研究。”

“另外，我记得您还提到了站外流量对搜索流量的影响。这部分也应该在短期内予以改善。”

“怎么改善呢?”

“假设我们从最开始接触客户的广告到电商店铺的链接之间加入一层广告内容，就会筛选掉大多数的无效流量。

“这是一个销售漏斗，帮我们筛选出真正对产品有兴趣的人。这样到访电商页面和实际下单购买的转化率就会提高，平台也会帮我们匹配免费的搜索流量。”

“这么做会不会让客户觉得麻烦?”

“加入的这一层广告内容，的确会让客户觉得麻烦。任何一个客户必须经过这个中转链接，才能到达下单购买页面。”

因为之前在脸书和推特等站外广告上，做了非常宽泛的广告投放，并将广告获得的流量毫无阻碍地导入电商平台。很多浏览页面的消费者实际上对女性内衣产品是不感兴趣的，只是刚巧看到了广告，随便点击进入店铺页面，很快就会跳转出去，并不会下单购买。

这样的非精准流量，转化率必然很低，误导平台做出了产品性价比不高的判断，因此也就降低了产品的搜索排名。

为了改变这一状况，我建议在站外（电商平台外）广告到站内（电商平台内）销售链接中间加入一个广告页面。这样对产品没兴趣的人看到了第二屏页面，就会跳转掉；而对产品真正感兴趣的人，会再点击一下进入购买页面。这样形成了一个销售漏斗，把真正的精准流量筛选出来。

进而店铺的订单转化率就会提高，平台算法就会判定产品定价比高，当客户搜索产品关键字时，平台就会提升产品链接在搜索结果页面的排名。

我把这些想法解释给她听，接着说："这个中间页面可以是一个临时举措，旨在改变之前转化率低的情况。如果转化率达到平台的要求，或者广告公司能帮我们找到精准流量，我们可以撤掉这一页面。"

"我明白了，您说的销售漏斗可以用上，也可随时撤下来，主要看实际需求。"

"正是如此!"

【后续进展】

公司的管理者回到企业之后，立即和广告服务商召开会议，向对方强调公司在这个阶段里投广告的主要目的是吸引精准客户，请广告公司拿出新的广告渠道方案。

同时，她们对广告内容提出了新的要求。广告商深入了解了她们产品的特点，为她们重新设定了全新的广告内容方案。

半年后，创始人主动反馈，公司产品的销售收入已经是广告投入的

3 倍，效果非常好。

【管理提示】

（1）影响广告效果的三要素。

影响广告投放效果主要有三个要素：客户定位、投放渠道、广告内容。

客户定位是影响广告投放效果的基础。当企业熟知自己的产品会吸引什么样的客户时，就能更加精准地将客户关心的产品信息在适当的时候传递给他；投放渠道，要按照符合产品定位的客户接触信息的方式和渠道选择，精准投放；广告内容决定了客户在看到广告时的几秒钟之内能否被吸引。

（2）企业管理者需要掌握最基本的数据分析能力。

管理者需要有最基本的数据分析能力，尤其是公司里负责市场营销的管理者。在公司运营电商平台时，管理者需要掌握从广告接触客户到客户下单购买，以及发生复购的整个环节。

（3）优秀广告内容的特点。

优秀的广告内容，要能传递品牌的属性，以及这些属性如何给客户赋能。此外，广告内容还要尝试打动消费者的情感，打动情感促进行动。

【咨询提示】

（1）咨询的有效工具：打比方。

为了让客户更容易理解咨询顾问的建议，顾问要善于打比方。打比方越形象，越能代表顾问要解释的事物或者过程，效果越好。

（2）咨询顾问有责任为客户提供帮助，让其更好地与第三方合作。

部分企业管理者在与广告商、代运营公司、投资方、软件服务商合作时，感到十分困难。咨询顾问有责任为自己的客户与第三方公司谈判。

（3）在试图帮助客户解决新问题前，先思考能否帮助客户消除原有的坏影响。

特别是当新问题也受到坏影响的干扰时，咨询顾问尤其要提醒客户，坏影响不消除，新问题可能无法解决。

因此，案例中在咨询可以进入尾声时，我仍然提醒客户必要的时候加入一个流量隔离广告层。

四、把个人品牌发展成公司品牌

很多专业服务领域的公司品牌，如咨询公司、法律顾问公司和广告公司，一般来源于一位或数位优秀创始人的个人品牌。

随着公司规模的扩大，为了提高影响力、给消费者留下更可靠的印象，提升品牌价值，因个人品牌而发展起来的企业，都需要将个人品牌转向公司品牌。

淡化个人影响力，提升公司整体影响力。

如何做到这一点呢？

◇客户只认个人品牌

前来参加咨询的是一家有 30 年历史的法律顾问公司。公司的创始人在 30 年前就建立了自己的律师事务所，专门为企业提供法律顾问服务。他们的客户范围非常广，涉及各个行业的很多上市公司和超大型企业。

公司的客户主要来源于长期经营中，创始人与客户建立的良好关系。很多公司在规模还很小的时候，就聘请事务所的创始人做企业的法律顾问。

后来，随着规模的增大，法律事务所逐步发展成法律顾问公司。同时，老一代的事务所合伙人临近退休，公司管理层面临更替的问题。为了确保管理层顺利交班，在宣布退休之前，合伙人委托第三方机构对目前服务的企业级客户进行一次调研，以便了解客户持续选择公司法律顾问服务的核心原因。

调查结果显示：超过60%的企业客户是因为法律顾问公司最初几个著名的合伙人才选择合作的。假设这些合伙人退休，不参与公司的管理，企业客户表示会考虑更换为自己服务的法律顾问。

这个调查结果虽然不出乎意料，但让法律顾问公司的管理者忧心忡忡。

“我们这家法律顾问公司之前是一家著名的律师事务所。事务所是由几位在中国法律界享有极佳名声的大牌律师成立的。

“其中一位律师，就是我的父亲。

“父亲创办事务所已经30年了，如今他70岁了，实在不想继续管理公司。公司股东建议我来承担公司的管理和运营。但我们的企业级客户却认为，他们之所以选择我们做法律顾问，主要原因是事务所之前的老律师。

“这些资深律师在法律界经验老到、人脉深厚，企业客户认为他们的存在能确保企业在出现法律问题时得到妥善解决。如果法律服务公司没有他们，法律服务会受到影响。

“父亲和其他叔辈在法律界声名赫赫，为公司赢得了不少客户的青睐。一旦他们退休，对公司的影响极大。”

“现在为客户在一线提供服务的人中，还有您说的叔辈资深律师吗?”

“这个问题问到重点了。其实，这么多年来，叔辈们早就不直接参与官司了。但客户不这么想，他们觉得，这些叔辈的个人品牌其实就是公司的牌子。如果叔辈们不参与公司管理，我们的品牌价值就不高。”

“从另一个角度看，虽然叔辈们已经没怎么参与一线的法律服务了，但公司也没有对外公布这一信息，是不是?”

“没错，公司也一直想借用叔辈们的个人品牌影响力来获得客户的支持。很多客户都跟公司合作十多年了，我们当时没有及时对外公布叔辈们隐退的消息，也是想稳住订单。”

“不过，这也证明了公司的服务水平没有下降。否则，叔辈们不参与一线的服务了，客户应该早就感觉到了。”

“没错，其实我们早就做了准备。将以往的案件，尤其是复杂特殊的案件做成了案例库，用于培养年轻律师。这项工作做了 7 年多了，当时的培训是由叔辈们亲自主持的，如今前期参与培训的资深律师已经能独当一面了。”

“为什么我们不能向客户尝试披露这些信息呢?”

“我们就是担心会影响签订合同。”他回答。

◇将个人知识转化为企业知识

在某些专业服务领域中，创办企业的灵魂人物一直被客户当成是服务品质的保障。其实，现实中的确有这种倾向。究其原因，不过是因为专业服务业并不需要在单独案例上有过多的人员参与。为企业提供法律服务，在案件发生时，虽然有团队负责为主辩律师搜集信息，但开庭时承担辩护责任的还是主辩律师。

他们就像明星、歌星，虽然一场演出的完美演绎是团队工作，但站在舞台中央星光熠熠的永远只能是少数人。

客户平时是看不到这些明星强大的后台支撑力量的，他们只欣赏明星们的出色表现。

“您说的这些情况较为复杂，短期内我无法给出相对完善的建议。但在这件事怎么开始上，我有一些想法供您参考。

“以我对个人品牌向企业品牌转化的理解来说，实现这一转化最困难的地方就在于如何将个人的知识体系转变为企业的知识体系。”

麦肯锡是管理咨询公司，创办公司时，也是依赖少数几个咨询界领袖的能力接到相关的订单。但马文·鲍尔（麦肯锡的创始人之一）特别注意将个人品牌转型成企业品牌。这种意识来源于一种愿景，即企业存在的时间肯定会超过人的生命。

所以，马文就采取行动，将创始人在咨询实践中获得的智慧模块化，聘用全美乃至全世界顶级的商学院毕业生来学习这些模块，获得创始人的知识与智慧。

这部分是最难的。当然，麦肯锡做到了。

◇从信任个人到信任团队

之后，还有一个难以克服的难题是：客户对专业服务公司创始人的信任和依赖，需要转化为对企业服务团队的依赖。

一旦客户意识到，单纯依赖创始人或者明星雇员给企业带来的收益，无法与将信任交付给整个服务团队相比，后者要明显高于前者，他们就会开始转而信任企业品牌而非个人品牌了。

最后，值得注意的是，管理咨询复杂程度的提高，也给麦肯锡帮了大忙。道理很简单，如果一件事变得十分复杂，那么一个人和一个精英团队在面对复杂情况时的表现，肯定是团队更有优势。

如今，企业的法律服务需求变得十分复杂。我们已经开始用团队力量来替代个人的能力，唯一阻碍我们进行个人品牌向企业品牌转型的其实是客户的理解。

如何让客户理解我们现在所做的，从而获取他们的信任呢？

只有两个字：开放。

“所谓的开放，其实就是让客户了解我们提供的服务架构早已是团队模式而非个人模式了。

“当然，开放也是有艺术的。不是简单地对客户宣布，我们的服务模式早就变了。而是让他们体会到，如今的企业法律服务不是一两个人就能做好的。”

“其实，以前也不是一两个人的工作。”

“是的。所以我们可以请企业负责聘请法律顾问的负责人来实际体会我们想要表达的。比如设置一些开放日，请负责人到公司参观，或者让客户的负责人旁听一些可以公开的案件庭审，见证年轻律师的出色表现。

“当客户通过这些活动意识到为他们提供服务的是企业的团队和一整套知识系统，客户就会理解并认可我们的企业品牌，进而信任公司而非个人。”

“您说的这些，太有启发了！”

“同时，在面对新客户、新公司的时候，我们要采取与之前完全不同的方法。我们为了获得订单而进行的广告宣传，要以团队为主角，而非依然借用叔辈律师的个人品牌。

“这样，当客户认可了我们的团队时，自然就会对企业品牌产生信任。”

“是的，您说得对。我们现在就是这么做的，面对新客户，不再强调叔辈们的个人品牌了！”

“路漫漫其修远兮！祝你成功！”

【后续进展】

最初拿到这家企业的咨询信息资料时，我其实不太有把握给客户提供有价值的建议。毕竟当时这是一个小众领域，我没有做过深入的研究。

决定提供服务后，我专门对这个课题进行了一些研究，然后结合自己对麦肯锡的理解，提炼出了上述三点不太成熟的意见，提供给客户。

没想到，这些意见给了客户极大的信心。大概过了一年，他的法律顾问公司已经获得了客户的信任。当公司里的资深律师宣布退休后，90%的老客户依然选择聘用他们公司做自己的法律顾问。

让我有勇气为客户提供服务的另一个原因是，他们公司实际上早就运用了团队服务模式来服务客户。唯一欠缺的就是公司新晋管理者似乎没有信心向目前保持良好关系的客户公布真实情况。

我觉得，如果能和对方聊聊，让他有足够的信心来告知客户这件事，或许就能体现咨询服务的价值了。

结果正如所愿。

同时，让我没有想到的是，这次咨询服务结束4年后的今天，竟然有大量的针对“个人品牌向企业品牌”转型咨询需求。

流量明星们开始成为创业公司获取成功的主要动力。大量的网红主播、个人知识付费明星、各行业的意见领袖等，纷纷开始成立自己的企业，他们正在或者将要面临同样的问题。

新的需求，让对这个课题的研究变得更有意义。

【管理提示】

（1）依赖个人品牌的企业，要在适当的时候为淡化个人品牌，建立企业品牌做出布局。

案例中的公司如果没有在几年前就开始强化团队服务模式，精心打造企业的知识体系，也不会在短短一年多的时间，就完成了从个人品牌到企业品牌的华丽转身。

（2）个人所从事行业领域的复杂度提升，对企业的品牌转型大有助益。

【咨询提示】

（1）有些客户只是需要信心，但你最好提供一套思考框架。

案例中的客户显然只需要获得一点信心，但我做了几天的研究后，为他提供了一套思考框架。

咨询顾问最好不要将客户的信心只建立在积极的鼓励上，相反，你要和他一起分析情况，提供一个框架性的思考，作为给他的建议。只有这样，他才会真正产生行动的信心。

（2）个人品牌到企业品牌转化的咨询需求会逐渐增多，有志于在这方面为客户提供服务的咨询顾问，可以详细研究一下智力资本挖掘、模块化的方法论。

将个人知识体系提炼出来，模块化成企业系统性的知识体系，是个人品牌到企业品牌转化过程中最具有挑战的部分。这个部分势必涉及对沉淀在个人经验中的智力资本进行挖掘，模块化的方法论。

Intelligent capital（智力资本）将会成为一个非常重要的主题。

结束语

20 个案例故事写完了。对于我来说，这是对过去近 6 年工作的一次彻底、形象的回顾。

很多案例中的企业，如今都已获得了不错的发展。企业管理者克服了互联网和新技术带来的影响，带领自己的企业在新的商业环境中继续为客户贡献卓越的价值。

当然，给企业带来最大困难的并非是新技术造成的不确定性。从本书的诸多案例中，我们可以清晰地看到，造成很多困难的原因是企业管理者思维上的误区和不足。

就像我在第一本著作《创业要过哪些坎儿》中写的："我们所有的努力都是为了增加自己的认知带宽。"只有企业管理者不断提升自己的认知带宽，才能在商业中立于不败之地。

但拓宽认知带宽，并非易事。

首先，带宽增加了，不但有益的信息会进来，噪声也会进来。就像很多企业管理者提到的那样，以前做企业，信息不多，也无需那么多信息，简单地将自己做事情的效率提高，销售额自然而然地就增长了。如今，信息爆炸，一会儿这个新技术，一会儿那个新管理模式，企业管理者根本分不清什么是有益于自己企业的，什么是噪声。

很多企业管理者就是因为在外面听了一些介绍管理工具的课程，回去按照工具整改自己的企业，最终把企业带入泥潭。

其次，深入学习是一件痛苦的事情，特别是在工作繁忙的情况下，还要分出时间来学习，对本就透支的企业管理者来说，无疑是雪上加霜。随着为企业家这个群体提供的课程、书籍爆炸式地增加，越来越多的企业家开始上课、读书。这无疑加剧了他们的工作压力。

同时，读一本书、听一堂课并不能给企业管理者的认知带宽带来多少改善。听课、读书必须是系统性的、长期持久的，才会真正地起到作用。企业管理者对我说："您的见解让我醍醐灌顶！"实际上，这样的企业管理者会经常"醍醐灌顶"。

为什么会这样？因为他学习太少，读书太少，所以常常会因一些粗浅和并不高明的意见而感到醍醐灌顶。你可以拿这个标准来检视自己，如果自己常常醍醐灌顶，那么就该多下点功夫来提高自己的认知带宽。

接下来，书籍和课程泛滥，良莠不分、泥沙俱下，给企业家的认知带来的极大负担。知识付费浪潮之下，大学教授、学者、大公司高管、商业领袖全都加入淘金和提升自身影响力的混战。虽然这些人中不乏优秀的知识提供者，但也有"只卖一柄锤子，并宣称所有的问题都是钉子"的人。这些人身份的光环让企业管理者难以甄别他们理论和观点的实用性。

最后，如果企业既要保持高速增长，获得持续长久的经营绩效，又要求企业管理者必须持续学习来理解这个时代，从而做出明智的决策。

这个矛盾是困扰当代企业管理者和创业者最大的问题。

要解决问题，或许有很多方法，比如招募人才、培养团队，以群体的智慧来提升企业能力；还可以积极借鉴，向行业中的优势企业学习；有实力、有积累的企业可以积极投资，入股、收购那些能代表未来趋势的创新公司……

但在实施这些解决方案时，企业管理者也总是遇到这样和那样的问题。这些问题未必是系统性的，也许他们只是需要一杆"点睛之笔"就可以找到自己的方法。

我觉得，这就是轻咨询这种短短 2 个小时的咨询项目，受到企业管理者欢迎的主要原因。

我愿意通过本书，将这种咨询服务存在的价值展现出来，吸引更多有经验的咨询顾问一起来为企业管理者提供类似的服务。轻咨询因为价格低廉，所以咨询服务的工作量极大，经常出现供不应求的情况。因此，需要更多有志于帮助企业解决问题的顾问来参与。

同时，通过本书，我也想提醒企业管理者，只有那些能够积极询问、努力探询、愿意了解企业状况的优秀顾问，才能为企业发展做出贡献。企业管理是非常个性化的，顾问如果只能提供通用的方案，是很难真正帮助企业的。

筛选顾问，也是时下企业管理者必备的能力之一。

祝所有努力奋斗的企业管理者，最终都能实现自己的商业梦想！

董坤

2021 年 9 月于广东惠州大亚湾

老板·创业			
一、经理人			
书名	内容	书名	内容
老总有想法，高层有干法 王清华　著	企业将、帅之间的定位问题、角色问题、方法问题、思维问题、管理问题等	**历史深处的管理智慧1：组织建设与用人之道** 刘文瑞　著	通过历史鉴照当今企业选人用人、二代接班人、创业团队管理等问题
历史深处的管理智慧2：战略决策与经营运作 刘文瑞　著	通过历史鉴照当今企业决策、战略规划、战略冒进、决策监督等问题	**历史深处的管理智慧3：领导修炼与文化素养** 刘文瑞　著	通过历史鉴照当今企业的领导修养、用权、管理风格等问题
老板经理人双赢之道 陈明　著	经理人怎么选平台、怎么开局，老板怎样选/育/用/留		
二、用人			
用好骨干员工 王敏　著	系统化分享关键人才打造与激励方法	**领导这样点燃你的下属** 孟广桥　著	领导者如何才能让员工积极主动地工作
让用人回归简单 宋新宇　著	帮助管理者抓住用人的要害，让用人变得简单	**激活新生代员工** 史量　孙斌　著	走进新生代的世界，一套行之有效的管理、激活90后、95后、00后的方法
三、转型·创业			
创业要过哪些坎 董坤　著	15年创业咨询经验总结的创业遇到的问题及办法	**高潜牛人** 董坤　著	创业和事业发展中如何找到牛人
成为下一个SaaS独角兽 崔牛会　主编	19位SaaS领专家，7个不同的视角总结SaaS行业实践	**创模式：23个行业创新案例** 段传敏　著	CEO社群23位企业家的思考与实践分享
重生——中国企业的战略转型 施炜　著	本书对中国企业战略转型的方向、路径及策略性举措提出了建议和意见	**7个转变，让公司3年胜出** 李蓓　著	企业估值、业务模式、营销、生产制造、客户服务、用户黏性、组织管理7个转变
企业二次创业成功路线图 夏惊鸣　著	五步骤给出了一幅企业二次创业经营突破、管理提升的成功路线图	**跟老板“偷师”学创业** 吴江萍　余晓雷　著	如何通过“偷师”学习与积累当老板的阅历
公司由小到大要过哪些坎 卢强　著	企业成长路线图，现在我在哪儿、未来还要走哪些路都清楚了	**跳出同质思维，从跟随到领先** 郭剑　著	66个精彩案例剖析，帮助老板突破行业长期思维惯性
极速增长：企业扩张策略 董坤　著	以“8shoes扩张法则”为思考框架，帮助处于这个阶段的创业公司及以创业公司形式孵化的变革型项目做出清晰的战略选择		

企业经营			
经营打造你的盈利系统 高可为　著	选择最有效的经营策略，打造属于自己的商业模式	**中国企业的觉醒** 王涛　著	企业告别自私、野蛮，转向善良、爱，才会赢得消费者
成为敏感而体贴的公司 王涛　著	未来有竞争力的企业，一定是那些敏感而体贴的公司	**有意识的思考** 王涛　著	对头脑中固有观念保持觉察，从而超越它们的局限
简单思考 孔祥云　著	著名咨询公司（AMT）CEO创业历程中的经验与思考	**写给企业家的公司与家庭财务规划** 周荣辉　著	以企业的发展周期为主线，介绍各阶段企业与企业主家庭的财务规划

续表

书名	内容	书名	内容
从10亿到100亿的企业顶层设计 刘建兆　著	重新定义企业成长方式，有效益、有效率、有效能、有效果、有品质的良性成长	**企业融资：投资人没告诉你的那些事** 杨军　著	资深投资人揭示融资“潜规则”，让企业有的放矢
宗：一位制造业企业家的思考 杨涛　著	发展20年营业额近亿元制造业企业家的思考与心得	**使命：驱动企业成长** 高可为　著	用大企业发展轨迹及企业家的心路历程，揭示企业成长的基因、做事的逻辑
让经营回归简单 宋新宇　著	战略、客户、产品、员工、成长、经营者的经营法则	**边干边学做老板** 黄中强　著	86个案例讲述中小公司成长过程中遇到的问题和方法
盈利原本就这么简单 高可为　著	跨越业务与财务边界，为企业提高盈利水平提供方法	**战略参谋：写出管用的战略报告** 蔡春华　著	企业对自己、市场、行业其实了解更深，助你高质量完成战略规划
不战全胜：给企业家读的孙子兵法 王吉坤　杨伟霞　著	从《孙子兵法》提炼和总结了帮助企业打造行业龙头品牌的体系	**公司离不开的全栈运营高手：产品运营与推广获客** 王虎　著	涉及运营案例、思维理论、实操复盘、管理方式、推广策略等，是作者八年运营推广经验的浓缩
公域引流　私域经营：这样经营用户关系 王庆云　汪洋　著	为大中型企业提供私域建设的顶层和全景式框架，探索不同业务特性可能适配的不同私域模式	**平台生态：价值创造与价值获取** 彭毫　罗珉　著	厂商之间的竞争已经从产品转到平台，如何创造新的价值创造和获取模式，是企业最想得到的答案
合伙制经营：有效激励，而不丧失控制权 胡八一　著	重点阐述实施合伙制的流程，通过四步为企业家提供一种有效激励而不丧失控制权的工具和方法	**机制创造人才** 彭剑锋　尚艳玲　著	华夏基石专家团著作，为个体赋能，经营人成就人，进行机制创新和价值管理
企业高管经营课：觉察认知盲点，突破增长瓶颈 范桃根　著	65个问与答，全面认知企业问题在哪里，避免盲人摸象；打破认知障碍，拥有解决问题的能力。附赠一套方法工具		
管理·管理学			
一、企业管理			
让管理回归简单 宋新宇　著	从目标、组织、决策、授权、人才、老板自己等提供方案	**管理的尺度** 刘文瑞　著	西医式的体检化验，又要施加中医式的望闻问切
管理：以规则驾驭人性 王春强　著	人性驾驭角度权度运筹安排的可兑现性，管理有效性	**看电影，学管理** 刘文瑞　著	十六部电影的解读，揭示电影内含的管理之道
好管理　靠修行 曾伟　著	从佛法、道法思想中寻找管理智慧	**公司大了，怎么管** 金国华　著	成长型企业发展中的共性问题，通过案例实录解开
低效会议怎么改 王玉荣　葛新红　著	从梳理公司会议体系的层面改变低效会议的现状	**年初订计划年尾有结果** 郭晓　著	总结七步落地方案让战略计划切实落地实现
分股合心 段磊　周剑　著	围绕股权激励，详细介绍相关知识和实行方法	**员工心理学超级漫画版** 邢雷　著	以漫画形式对组织中个体心理的全面介绍和深入探讨
让投诉客户满意离开 孟广桥　著	投诉法律法规，应对各种投诉技巧等提升客诉能力	**管理就是定计划，抓落实** 张国祥　著	员工“看了就会、拿来就用”的计划制订操作指南
不读韩非子，怎么当老板 王春强　著	通过集中分析有关人性的内容，引导现代管理者更深理解人性是如何影响企业运行，以及管理者应如何因人性而实施管理	**重新想象组织** 彭剑锋　尚艳玲　著	华夏基石专家团著作，通过组织变革逐步进化，找到成长之道，让企业可持续发展

续表

书名	内容	书名	内容
战略管理有方法 和恒咨询　著	结合中国企业实践总结的一套独创性、实操性的战略方法，100+工具轻松做战略	**高管如何为公司创造高增长** 彭剑锋　尚艳玲　主编	战略驱动着企业成长，企业又该如何突破增长的瓶颈
供应链管理改善咨询：案例·方法·工具 于晓光　许忠宁　赵玭　著	掌握供应链改善结构化方法，实现准时交付和低运营成本	**重塑竞争的市场边界战略** 张戟　著	选择与竞争对手不同的消费需求集合，通过独特的价值链活动，创造一个最有利的市场地位，让企业获得领先的核心竞争优势
二、管理思想			
管理学的奠基者 刘文瑞　著	近代以来的管理思想发展揭示管理思想的演化奥秘	**巴纳德组织理论研读** 郭威　著	深度研读巴纳德《经理人员的职能》，帮你理解和看懂
管理学在中国 刘文瑞　著	科学看待管理学流入中国，对继承发展进行深入的阐述	**德鲁克管理学** 张远凤　著	以德鲁克管理思想发展为线展示20世纪管理学的发展
德鲁克与他的论敌们 罗珉　著	德鲁克与马斯洛、戴明等诸多管理大师论战的故事	**德鲁克管理思想解读** 罗珉　著	全面解构德鲁克思想的精髓与实践价值
治论：中国古代管理思想 张再林　著	深入分析中国古代哲学基本精神的基础上，梳理分析了儒法墨三家的管理思想	**流程经理10年案例笔记** 王焕东　著	用自身工作和生活中的鲜活案例及思考后的心得呈现不一样的流程管理思想
透过决策看组织 李慧才　著	对西蒙管理行为进行贴近企业的通俗化解析和阐释	**为什么高管爱读德鲁克** 王鹏　著	辅助深读德鲁克、提升管理认知
营销·销售			
一、企业销售			
大客户销售这样说这样做 陆和平　著	大客户销售活动的十大模块，68个典型销售场景	**向高层销售** 贺兵一　著	销售人员与客户高层打交道需要重点掌握的知识、技巧
资深大客户经理 叶敦明　著	将大客户经理必须具备的规划、策略、执行三种能力运用自如	**成为资深的销售经理** 陆和平　著	让销售经理成功把握销售管理的6个关键点，并提供工具
销售是个专业活 陆和平　著	据客户采购流程拆分销售过程十阶段，讲解方法技巧	**学话术　卖产品** 张小虎　著	手机、电动车、家电、食品等消费品的一线销售话术
工程项目大客户销售攻略 陆和平　著	三十八讲循序渐进，全方位透视工程大项目拿单的奥秘，通俗易懂，看了就能用	**大客户销售谈判：获得利润的最快途径** 陆和平　著	从不会谈判到成为谈判专家，帮助你在与大客户的谈判中轻松说服对方，实现从一次成交、成本价成交到高价成交、持续成交的转变
二、企业营销			
新营销组织力 迪智成　著	适应最新数字化外部环境，系统化协同组织能力建设	**营销按钮** 老苗　著	讲述存在于人性及各个营销环节中的“按钮”
精品营销战略 杜建君　著	“精品营销战略”核心逻辑与营销组合策略	**360°谈营销** 王清华　古怀亮　著	营销是立体的，从不同角度观察不同企业的营销精髓
互联网精准营销 蒋军　著	互联网时代整体策划、包装品牌和产品	**招招见销量的营销常识** 刘文新　著	做好基本的营销动作都可以提高销量、降低成本

续表

书名	内容	书名	内容
用数字解放营销人 黄润霖　著	用数字说话覆盖营销工作的方方面面	**用营销计划锁定胜局** 黄润霖　著	让营销计划落地，营销人员只需解决两个问题：基数与概率
新营销 2.0：从深度分销到立体连接 刘春雄　公方刚 牛恩坤　等著	立体连接打通三度空间，在互联网时代诞生快消品领域的超级巨头	**中国营销战实录** 联纵智达研究院　著	51 个案例，46 家企业，46 万字，18 年积淀
弱势品牌如何做营销 李政权　著	产品与物流通道、服务通道、促销互动通路，提供方法	**解决方案营销实战案例** 刘祖轲　著	十大工业品作者实操案例解码解决方案营销
升级你的营销组织 程绍珊　吴越舟　著	根据企业的实际情况建立有机性营销组织	**孙子兵法营销战** 刘文新　著	理解《孙子兵法》原意的同时，还可体悟到营销之用
老板如何管营销 史贤龙　著	十六个招式，理论与案例相结合，高段位营销方法	**渠道管理就这样做** 陆和平　著	渠道规划和设计、渠道成员选择和寻找、渠道谈判和签约、管理渠道日常活动、设计渠道激励政策、解决渠道冲突、渠道的评估和调整
三、品牌			
中国品牌营销十三战法 朱玉童　著	深度演绎最符合企业品牌营销策划的十三套实战战法	**中小企业如何打造区域强势品牌** 吴之　著	从如何建立强势品牌的角度解析扩张难题
小众战略：小资源打造强势品牌 吴修利　著	从品牌观念、市场调研、竞争机会、内部调整等角度，对产品、渠道、传播等核心原则进行了系统梳理	**把品牌建在顾客心里：4 步实现品牌 IP 化** 张学军　著	让品牌自带话题，自主传播
四、营销策划			
这样写文案，就没有卖不动的产品 秦剑　刘安丽　著	术、法、道三个层面由浅至深培养商业文案创作能力	**洞察人性的营销战术** 沈坤　著	介绍了 28 个匪夷所思的营销怪招，大部分可以直接运用
双剑破局：沈坤营销策划案例集 沈坤　著	双剑公司 8 年来的实操案例，每个项目诞生过程、策划角度和方法	**社区团购就这么干：供应商•平台•团长•用户** 陈海超　杨顶刚　著	分享最新实践经验，一看就懂，照着就能做
企业案例			
鲁花：一粒花生撬动的粮油帝国 余盛　著	鲁花如何成长为优秀的带动农业产业发展的品牌，鲁花你一定学得会	**金龙鱼背后的粮油帝国** 余盛　著	以金龙鱼为脉的一部中国粮油行业的史诗
你不知道的加多宝 曲宗恺　牛玮娜　著	以时间为轴线，详细叙述了加多宝品牌的发展历程	**静水流深** 黄治国　著	作者在美的十五年对何享健内部讲话资料的整理
娃哈哈区域标杆 罗宏文　快车君 赵晓萌　寇尚伟　著	讲娃哈哈豫北市场如何成为娃哈哈全国第一大市场、全国增量第一的市场	**借力咨询：德邦成长背后的秘密** 官同良　王祥伍　著	德邦将自己积累的与咨询公司发展共赢的合作逻辑和盘托出
六个核桃凭什么从 0 过 100 亿 张学军　著	全视角深度解读养元企业的裂变成长，复盘十年蜕变轨迹	**像六个核桃一样** 王超　著	六个核桃为什么卖得这么好，产品畅销的 6 大要义 36 条简明法则

续表

书名	内容	书名	内容
中国首家未来超市 IBMG 集团　著	对乐城超市的掌门人及内部员工的采访详细阐释了乐城的经验	**三四线城市超市如何快速成长：解密甘雨亭** IBMG 集团　著	甘雨亭的许多关键经营指标均高于行业标准，学习其成功的方法
集团化企业阿米巴实战案例 初勇钢　著	作者在某酒厂推行阿米巴经营模式的心得		
		经销商	
新经销：新零售时代教你做大商 黄润霖　著	探访近100位经销商在传统营销手法上的创新，传统营销微创新和新营销本地化	**商用车经销商运营实战** 杜建君　王朝阳 章晓青　著	对商用车经销商的经营与管理、4S店运营做了全方面的总结
跟行业老手学经销商开发与管理 黄润霖　著	从管理耐用消费品经销商角度提炼了48个代表性问题并给出解决办法	**快消品经销商如何快速做大** 黄润霖　著	经销商如何通过经营实现规模，通过管理实现规模效益
建材家居经销商实战42章经 王庆云　著	经营管理的心法和战法，帮助经销商成为“业务妙手”和“管理能手”	**成为最赚钱的家具建材经销商** 李治江　著	针对建材家居行业的经销商，从销售模式、产品、门店、市场等方面给出方法
白酒经销商的第一本书 唐江华　著	对经销商如何选择厂家、合作、运营品牌等问题给出建议	**快消品招商的第一本书** 刘雷　著	从招商理论到招商动作进行系列化分解，化繁为简
大商方法：榜样经销商与厂家的合作之道 唐道明　著	洞察厂商合作的核心，为经销商提供可行的方法，手把手教你做大商	**快消品经销商成功密码** 舟谱商学院　著	通过8个真实经销商案例，分享快消品经销商成功经验与方法
		中小企业	
中小企业如何打造区域强势品牌 吴之　著	从如何建立强势品牌的角度解析扩张难题	**用流程解放管理者** 张国祥　著	8个板块构成，共66篇文章，14幅流程管理图
用流程解放管理者2 张国祥　著	对中小企业规范化流程管理进行系统的阐述	**弱势品牌如何做营销** 李政权　著	产品与物流通道、服务通道、促销互动通路提供方法
本土化人力资源管理8大思维 周剑　著	用最贴近中国中小企业现实管理情境的案例讲述周围人的“家事”	**中小农业企业品牌战法** 韩旭　著	农业企业需要全产业链视野，更需要品牌实战方法
		门店管理	
门店销售冠军复制系统 王吉坤　著	门店型企业如何打造可复制的销售冠军系统	**新零售动作分解与实操：建材·家居·家具** 盛斌子　著	对泛家居行业趋势、店面管理、团队管理、促销推广、五感营销等提供策略
家具建材促销与引流 薛亮　李永锋　著	对泛家居营销执行模式和工具、关键环节等进行汇总	**建材家居门店6力爆破** 贾同领　著	产品力、导购力、形象力、推广力、服务力、组织力
家具行业操盘手 王献永　著	总结家具终端门店发展的现状及问题并给出策略	**手把手教你做专业督导** 熊亚柱　著	系统梳理督导的核心技能，岗位职责、工作流程及技能

续表

书名	内容	书名	内容
手把手帮建材家居导购业绩倍增 熊亚柱　著	针对建材家居门店的业务人员，用案例故事还原场景教你成为好导购	**10步成为最棒的建材家居门店店长** 徐伟泽　著	梳理店长管理的核心工作职责、店面管理规范，帮助销售人员成长
建材家居门店销量提升 贾同领　著	9个板块讲述建材门店一个单店如何做到经营的良性循环	**总部有多强大，门店就能走多远** IBMG集团　著	五大方向综合阐述连锁零售企业总部如何提升管理能力
赚不赚钱靠店长，从懂管理到会经营 孙彩军　著	注重专卖店的经营思路拓展、门店管理细节方面能力的提升	**新医改了，药店就要这样开** 尚锋　著	从药店定位的思考，内部和会员管理等方面探讨中小型药店发展方向
电商来了，实体药店如何突围 尚锋　著	新时代药店经营的三驾马车：药学专业服务、会员贴心服务和精准定向促销	**引爆药店成交率1：店员导购实战** 范月明　著	药店人的零售工作，怎样接待顾客，完善销售技巧
引爆药店成交率2：药店经营实战 范月明　著	从药店经营角度建立改善门店现状的实用标准	**引爆药店成交率：专业化销售解决方案** 范月明　著	从简单的拿药服务到提供多角度的专业解决方案
口腔门诊盈利倍增：精益口腔 杨伟霞　王吉坤　著	为口腔门诊定制业绩提升管理系统并落地实施	**门店店长业绩增长100%** 熊亚柱　著	将店长遇到的障碍一扫而空，通过一个个生动的案例故事解析，帮你成为管理型店长，不再东奔西跑地瞎忙，让业绩成倍增长
互联网			
一、互联网转型			
画出公司的互联网进化路线图 李蓓　著	18个“可以……吗”的问题作为产品、客户和价值方面的指引牌	**7个转变，让公司3年胜出** 李蓓　著	企业估值、业务模式、营销、生产制造、客户服务、用户黏性、组织管理7个转变
重生战略移动互联网和大数据时代的转型法则 沈拓　著	四个重生战略对应四个法则，告知传统企业的转型重生之路	**创造增量市场：传统企业互联网转型之道** 刘红明　著	为读者提供了寻找这些互联网的切入点和接触点的具体方法，带来增量市场
互联网+变与不变 本土管理实践与创新论坛　著	61篇精华文章，聚焦传统行业如何互联网+时代转型	**今后这样做品牌** 蒋军　著	顶层设计、营销创新、产品战略、渠道变革、品牌策略
移动互联新玩法 史贤龙　著	立足现实，剖析新时代背景下的移动互联趋势与热点	**互联网时代的成本观** 程翔　著	多维组合成本的互联网精神和大数据特征及应用
正在发生的转型升级实践 本土管理实践与创新论坛　著	100多位本土管理专家当年对最新一年的思考和实践	**1000铁杆女粉丝** 张兵武　著	如何让普通女性成为忠实追随的铁杆粉丝，磁力点、情感结、甜蜜区、信任圈
混沌与秩序Ⅰ：变革时代企业领先之道 彭剑锋　施炜　苗兆光　王祥伍　孙波　夏惊鸣	新环境下企业面临变革应如何应对，企业家如何坚守并与企业共同成长	**混沌与秩序Ⅱ：变革时代管理新思维** 彭剑锋　施炜　苗兆光　王祥伍　孙波　夏惊鸣	对处于时代变革下的企业管理新机制、人力资源管理新思维，组织与人的新型关系，结合案例提出优化建议
消费升级：实践·研究 本土管理实践与创新论坛　著	从经营、管理、行业三个方面记录消费升级下的实践	**互联网精准营销** 蒋军　著	互联网时代整体策划、包装品牌和产品
智能推荐：让你的业务千人千面 刘国昊　周波　著	从资讯、电商、文娱行业来详细讲解智能推荐的应用，用户时间的争夺战	**制造业外贸营销网站建设** 宋金亮　著	介绍整个网站从无到有的实现过程，从分析思路、撰写内容到规划页面，列举了大量正反面实例，帮助读者理解和投入实践

续表

书名	内容	书名	内容
零售巨头数字化转型操盘笔记 江楠　著	一线操盘运营经理分享传统零售巨头的新零售到家业务全盘操作细节		
二、抖音、微信微商、电商			
书名	内容	书名	内容
抖音营销系统 刘大贺　著	抖音系统的实战营销知识，上百个从0做大的案例	金牌微商团队长 罗晓慧　著	微商团队长创业实操的指导工具书
微商生意经：真实再现33个成功案例操作全程 伏泓霖　罗晓慧　著	精心挑选的33个微商成功案例，阐述具体操作过程	快速见效的企业微信营销方法 孙巍　著	站在微信生态的立体高度系统讲述企业微信快营销方法论
阿里巴巴实战运营：14招玩转诚信通 聂志新　著	产品定位、阿里巴巴排名因素、数据分析、标题优化等	阿里巴巴实战运营2：诚信通热卖技巧 聂志新　著	打开诚信通运营的金钥匙，十大具体运营技巧
电商高管私房课 子道　著	深刻剖析“结硬寨，打呆仗”的经营理念和操作方法，是电商零售管理者和执行团队的好参谋		
三、行业新营销			
餐饮新营销 杨勇　程绍珊　著	聚焦餐饮企业转型，系统的餐饮企业营销管理体系	新零售进化路径 李政权　著	预先复盘新零售及商业的未来，找到方向
珠宝黄金新营销 崔德乾　著	珠宝业新营销/新品牌/新产品/新零售/新连接/新场景/新服务/新传播/新管理	黄金珠宝就这样卖：导购员月销百万的秘籍 崔德乾　著	让顾客留下试戴、买单的80个技巧，让高级客户感动、一般客户依赖的6大行动秘籍。上午学下午用，让你成为月销百万的销售明星
新零售动作分解与实操：建材·家居·家具 盛斌子　著	对泛家居行业趋势、店面管理、团队管理、促销推广、五感营销等提供策略	新营销 刘春雄　著	让品牌商和渠道商掌握获得独立流量的能力，能够与平台商博弈
快速见效的企业网络营销方法B2B　大宗B2C 张进　著	数据和案例90%来自作者服务的中小企业，快速全面地学习企业网络营销方法	移动互联下的超市升级 联商网专栏　著	超市未来的发展趋势，对社区超市、生鲜、全渠道建设、O2O等提出观点
百货零售全渠道营销策略 陈继展　著	零售行业的竞争重点、行业本质、战略转型、未来趋势、经验和案例	互联网时代的银行转型 韩友诚　著	银行业在互联网金融变革浪潮中所做的积极应对和转型布局
触发需求：互联网新营销样本·水产 何足奇　著	通过鲜誉案例解读阐述水产行业如何进行互联网转型	新农资如何弯道超车 刘祖轲　著	从农业产业化、互联网转型、行业营销与经营突破四个方面阐述农资企业转型
新零售　新终端 迪智成　著	将新零售系统打法做梳理并落地在新终端建设上	新经销：新零售时代教你做大商 黄润霖　著	探访近100位经销商在传统营销手法上的创新，传统营销微创新和新营销本地化
医药医疗			
一、药店			
新医改了，药店就要这样开 尚锋　著	从药店定位的思考、内部和会员管理等方面探讨中小型药店发展方向	电商来了，实体药店如何突围 尚锋　著	新时代药店经营的三驾马车：药学专业服务、会员贴心服务和精准定向促销
引爆药店成交率1：店员导购实战 范月明　著	药店人的零售工作，怎样接待顾客，完善销售技巧	引爆药店成交率2：药店经营实战 范月明　著	从药店经营角度建立改善门店现状的实用标准
引爆药店成交率：专业化销售解决方案 范月明　著	从简单的拿药服务到提供多角度的专业解决方案	连锁药店新风口：资本　智能　大数据 动脉网　著	对我国连锁药店的市场环境、行业现状等进行分析，给出对连锁药店未来发展趋势的预判

续表

书名	内容	书名	内容
药店导购关联销售技巧与成交话术 范月明　著	以药店情景案例导入，介绍常见疾病的导购销售话术与顾客心理分析，进而提供关联销售解决方案		
二、药品销售			
医药第三终端：从控销到动销　诊所　基层医疗 王祥君　张芳文　著	用大量案例来梳理药企落地动销的策略、方法和技战术	**医药营销：诊所开发维护与动销** 张江民　著	从六个方面系统阐述基层诊所市场营销攻略
处方药合规推广实战宝典 赵佳震　著	对处方药推广体系搭建、推广人员岗位内容等六个方面进行阐述	**医药代理商经营全指导** 戴文杰　著	从产品选择、价格体系设计、路径管理等维度描述代理商产品操作的基本策略
处方药零售这样做 田军　著	处方药零售的重要性及做市场的具体措施和方法	**OTC 医药代表药店开发与维护** 鄢圣安　著	一位从初级 OTC 医药销售代表成长起来的销售经理的经验分享
OTC 医药代表药店销售 36 计 鄢圣安　著	以《三十六计》为线，阐述 OTC 医药代表向药店销售的技巧与策略	**做医生信赖的医药代表** 邹晓徽　宁剑锋 朱文虎　著	医药代表如何在合规要求下做好药品推广工作的操作工具书
三、药企转型			
药企战略·运营与医药产业重构 杜臣　著	医药产业的深度认知与发展趋势结合，战略思考与经营操作相统一	**医药行业大洗牌与药企创新** 林延君　沈斌　著	围绕创新介绍医药行业，介绍近百家医药企业创新实践案例
医药新营销 史立臣　著	从药企最关心的八个方面阐述制药企业、医药商业企业营销模式转型	**医药企业转型升级战略** 史立臣　著	从商业模式转型、管理转型、定位转型、运营模式转型和跨界转型五方面阐述转型
新医改下的医药营销与团队管理 史立臣　著	立足新医改相关政策的解读，为中小医药企业出谋划策	**在中国，医药营销这样做** 段继东　著	时代方略在医药营销领域思想、方法文章的精选合集
四、新医疗			
成为医疗器械领军者 王强　著	中小医疗器械生产企业和代理商怎样转型	**新型诊所经营与创新** 动脉网　著	对新型诊所从标准化管理、经营方式、团队建设、连锁模式四个方面进行解读
医美新风口：颜值经济下的亿万市场 动脉网　著	详细介绍中国医疗美容行业的发展趋势、现状及医美产业链等	**互联网医院：正在发生的医疗新变革** 动脉网　著	介绍互联网医院的建设与运营、管理，发展模式和市场布局，以及发展规律
快消品			
一、快消案例			
中国快消品营销这些年 史贤龙　著	一本书浓缩快消品营销 15 年的实战历程与前沿思考	**这样打造大单品** 迪智成　著	通过 13 个大案例帮助企业梳理打造大单品的路径
你不知道的加多宝 曲宗恺　牛玮娜　著	以时间为轴线，详细叙述了加多宝品牌的发展历程	**娃哈哈区域标杆** 罗宏文　快车君　赵晓萌 寇尚伟　著	娃哈哈豫北市场如何成为娃哈哈全国第一大市场、全国增量第一的市场
六个核桃凭什么从 0 过 100 亿 张学军　著	全视角深度解读养元企业的裂变成长，复盘十年蜕变轨迹	**像六个核桃一样** 王超　著	六个核桃为什么卖得这么好，产品畅销的 6 大要义 36 条简明法则

续表

书名	内容	书名	内容
5小时读懂快消品营销 陈海超　著	20年快消品市场风云洞察解码，丰富的案例解析		
二、快消品区域经理			
快消品营销团队管理 刘雷　伯建新　著	快消品团队管理相关的20余个工具+20余个案例	**这样打造快消品区域标杆** 罗宏文　牛玉龙　著	分两篇解决如何成功打造标杆市场和进行持续增量管理两大问题
成为优秀的快消品区域经理（升级版） 伯建新　著	作为区域经理的“速成催化器”，升级版增加11篇内容	**快消老手都在这样做：区域经理操盘锦囊** 方刚　著	一线成长起来的资深快消品营销人“压箱底”绝活
快消品营销人的第一本书 刘雷　伯建新　著	针对一线厂家业务员工作中常遇到的问题给予建议	**销售轨迹：一位快消品营销总监的拼搏之路** 秦国伟　著	一个普通营销人的故事，16年背井离乡的职场拼搏之路
快消品营销：一位销售经理的工作心得2 蒋军　著	从市场操作、团队管理、传播推广、营销的具体策略和战略等方面提供方法	**快消品区域/城市经理全渠道管理** 许翔　著	一位在日化巨头一线打拼多年的城市经理操作经验分享
三、快消品动销			
动销：产品是如何畅销起来的 余晓雷　著	从怎么被消费者买走和竞争对手是谁这两个原点解决动销问题	**动销操盘：节奏掌控与社群时代新战法** 朱志明　著	用七个章节阐述关于动销操盘的要诀，节点、节奏、主次、条件匹配性等问题
动销四维：全程辅导与新品上市 高继中　著	从产品、渠道、促销和新品上市四个方面详细讲解提高动销的具体方法	**快消品经销商这样做才赚钱** 张宇　著	从全新的角度，解读经销商的经营困境，并提供可实操的解决方法
快消新产品成功上市 伯建新　著	新产品是什么？新产品该如何去做？新产品要如何销起来，长销而不是昙花一现？本书给你答案		
四、快消品渠道			
深度分销 施炜　著	渠道价值链、模式选择、渠道策略与管理、零售经销商管理、最佳实践、团队建设	**通路精耕操作全解** 周俊　陈小龙　著	对康师傅的制胜法宝通路精耕进行系统的介绍与说明，图表和完善入微的操作方法
酒水饮料快消品餐饮渠道营销手册 朱伟杰　著	对餐饮渠道深入挖掘，建立适合餐饮渠道发展的服务模式和组织保障措施	**快消品经销商如何快速做大** 杨永华　著	经销商如何通过经营实现规模，通过管理实现规模效益
快消品营销与渠道管理 谭长春　著	解决日常涉及的渠道管理、市场、产品等营销事务	**快消品招商的第一本书** 刘雷　著	从招商理论到招商动作进行系列化分解，化繁为简
采纳方法：化解渠道冲突 朱玉童　著	21个最新的渠道冲突案例立体地介绍渠道冲突的现象和方法	**快消品促销管理与方案：规划 技能 工具** 张荣举　著	涵盖促销规划、打法、具体落地执行的细节和终端人员技能及训练，结合线上线下运作，提供全套方法
五、快消品企业战略			
重构：升级你的竞争优势 杨永华　著	用7大思维，帮你的企业提升档位	**变局下的快消品实战策略** 杨永华　著	从5个角度针对快消品企业如何应对行业变局给出答案
新营销 刘春雄　著	让品牌商和渠道商掌握获得独立流量的能力，能够与平台商博弈	**采纳方法：破解本土营销8大难题** 朱玉童　著	破解困扰营销人的八大难题，给出解决方法
白酒营销培训宝典：复制高业绩 刘孝鞅　著	总结白酒营销人员系统运作市场的要点，转化为易学可复制的动作和工具表单	**酒水饮料快消品餐饮渠道营销手册** 朱伟杰　著	对餐饮渠道深入挖掘，建立适合餐饮渠道发展的服务模式和组织保障措施

续表

白酒			
书名	内容	书名	内容
白酒营销的第一本书 唐江华　著	多角度阐释白酒一线市场操作的最新模式和方法	**白酒经销商的第一本书** 唐江华　著	对经销商如何选择厂家、合作、运营品牌等问题给出建议
白酒到底如何卖 赵海永　著	多角度阐释白酒一线市场操作的最新模式和方法	**白酒到底如何卖2：从市场培育到动销** 赵海永　著	系统化、标准化、模式化的促成动销的实战操作方式和方法
变局下的白酒企业重构 杨永华　著	白酒企业重构期的营销战略与实操策略6大方法	**酒业转型大时代** 微酒　著	酒水营销、新闻资讯及行业分析、预测的知识宝典
区域型白酒企业营销必胜法则 朱志明　著	以36条法则从战略、营销、推广、产品线、品牌、市场、战术等方面提供方法	**10步成功运作白酒区域市场** 朱志明　著	从市场攻守、产品攻略、新品上市、占领渠道、促销等十个层面阐述
白酒营销1：中小酒企操盘与崛起 徐伟　徐涛　著	深入分析品牌与行业、操作方法，提供营销实操宝典	**白酒营销2：品类创新策略升级** 黑格咨询　著	立足行业现状，建立品类创新、营销模式创新路径，提供市场建设方法、营销策略与工具案例
茶·调味品·油·乳业			
营销中国茶：2小时读懂茶叶营销 史贤龙　著	中国茶营销的“困局”“破局”和“创举”	**中国茶叶营销第一书** 柏龑　著	纵览中国茶叶市场的全局，并且有针对性地提出问题并阐述解决方法
调味品营销第一书 陈小龙　著	15年监控中国市场50个中外著名调味品品牌市场运作、管理等的经验总结	**调味品企业八大必胜法则** 张戟　著	提炼了调味品企业八大规律性的关键成功要素
食用油营销的第一本书 余盛　著	从小包装油行业概述到产品的基本知识，从基本执行动作到品牌整体策划等	**鲁花：一粒花生撬动的粮油帝国** 余盛　著	鲁花如何成长为优秀的带动农业产业发展的品牌
金龙鱼背后的粮油帝国 余盛　著	以金龙鱼为脉的一部中国粮油行业的史诗	**乳业营销的第一本书** 侯军伟　著	区域型乳品企业如何才能稳健发展
调味品经销商公司化运营 张戟　著	调味品和快消品经销商如何从“个体户”到“公司化”，一步步推进的具体方法		
工业品			
一、工业品销售			
大客户销售这样说这样做 陆和平　著	大客户销售活动的十大模块，68个典型销售场景	**销售是个专业活** 陆和平　著	据客户采购流程拆分销售过程十阶段、讲解方法技巧
成为资深的销售经理：B2B工业品 陆和平　著	让销售经理成功把握销售管理6个关键点，并提供工具	**一切为了订单：订单驱动下的工业品营销实践** 唐道明　著	以订单流程的三个环节为主线讲述工业品营销管理新思路
订单是这样拿到的 郑文洲　著	作者近10年销售生涯的回顾，真实销售故事和成功经验分享		
二、工业品营销			
工业品营销管理实务（第4版） 李洪道　著	是信任导向工业品营销体系的深化版、工业品营销管理体系优化咨询的升级版	**工业品企业如何做品牌** 张东利　著	为当下中国制造的品牌化转型提供经过实践证明的理念、方法和体系

续表

书名	内容	书名	内容
工业品市场部实战全指导 杜忠　著	解决职能不清、市场部五大职能如何运作、职业发展路径等具体问题	解决方案营销实战案例 刘祖轲　著	十大工业品作者实操案例解码解决方案营销
资深大客户经理：策略准　执行狠 叶敦明　著	将大客户经理必须具备的规划、策略、执行三种能力运用自如	渠道管理就这样做 陆和平　著	渠道规划和设计、渠道成员选择和寻找、渠道谈判和签约、管理渠道日常活动、设计渠道激励政策、解决渠道冲突、渠道的评估和调整
三、工业品企业			
变局下的工业品企业 7 大机遇 叶敦明　著	探索工业品企业成长的新机会，7 大战略与战术性机会	两化融合管理体系贯标流程与方法 戴勇　著	融合五十多家企业在两化融合贯标过程的经验，总结重点与举措
丁兴良讲工业 4.0 丁兴良　著	多角度阐述中国在工业 4.0 的机遇和挑战		
建材家居			
一、建材家居门店			
家居建材促销与引流 薛亮　李永锋　著	对泛家居营销执行模式和工具、关键环节等进行汇总	新零售动作分解与实操：建材·家居·家具 盛斌子　著	对泛家居行业趋势、店面管理、团队管理、促销推广、五感营销等提供策略
家具行业操盘手 王献永　著	总结家具终端门店发展的现状及问题并给出策略	手把手教你做专业督导 熊亚柱　著	系统梳理督导的核心技能、岗位职责、工作流程及技能
手把手帮建材家居导购业绩倍增 熊亚柱　著	针对建材家居门店的业务人员、案例故事还原场景，教你成为好导购	10 步成为最棒的建材家居门店店长 徐伟泽　著	梳理店长管理的核心工作职责、店面管理规范和帮助销售人员成长
建材家居门店销量提升 贾同领　著	9 个板块讲述建材一个单店如何做到经营的良性循环	建材家居门店 6 力爆破 贾同领　著	产品力、导购力、形象力、推广力、服务力、组织力
二、建材家居经销商			
新经销：新零售时代教你做大商 黄润霖　著	探访近 100 位经销商在传统营销手法上的创新，传统营销微创新和新营销本地化	建材家居经销商 42 章经 王庆云　著	经营管理的心法和战法，帮助经销商成为“业务妙手”和“管理能手”
成为最赚钱的家具建材经销商 李治江　著	针对建材家居行业的经销商，从销售模式、产品、门店、市场等方面给出方法		
三、建材家居企业			
定制家居黄金十年 韩锋　翁长华　著	对中国定制家居行业 20 年发展历程进行深度、系统、专业的解读	建材家居营销：除了促销还能做什么 孙嘉晖　著	探索家居建材行业营销的革命，发现行业“营销天花板”的突破口
建材家居营销实务：新环境、新战法 程绍珊　杨鸿贵　著	针对建材家居市场特点提出以客户价值为基础的整体营销价值链	全屋整装　高利润运营手册 翁长华　陈平　著	十大维度解决实际问题，是 0 到 1 极具操作性的整装指南
零售·餐饮·服装·影院·美容院			
新零售进化路径 李政权　著	预先复盘新零售及商业的未来，找到方向	新零售　新终端 迪智成　著	梳理新零售系统打法并落地在新终端建设上

续表

书名	内容	书名	内容
移动互联下的超市升级 联商网　著	超市未来的发展趋势，对社区超市、生鲜、全渠道建设、O2O 等提出观点	百货零售全渠道营销策略 陈继展　著	零售行业的竞争重点、行业本质、战略转型、未来趋势、经验和案例
超市卖场定价策略与品类管理 IBMG 集团　著	零售企业的市场拓展与商品定位、商品结构与商品陈列、毛利分析与库存分析	连锁零售企业招聘与培训破解之道 IBMG 集团　著	围绕零售企业组织架构、培训体系建设等内容进行探讨
总部有多强大，门店就能走多元 IBMG 集团　著	五大方向综合阐述连锁零售企业总部如何提升管理能力	三四线城市超市如何快速成长：解密甘雨亭 IBMG 集团　著	甘雨亭的许多关键经营指标均高于行业标准，学习其成功的方法
中国首家未来超市：解密安徽乐城 IBMG 集团　著	对乐城超市的掌门人及内部员工的采访详细阐释了乐城的经验	零售：把客流变成购买力 丁昀　著	通过大量的实际案例对中国零售业态的升级转型之路提出思考
餐饮新营销 杨勇　程绍珊　著	聚焦餐饮企业转型，系统的餐饮企业营销管理体系	电影院的下一个黄金十年 李保煜　著	介绍了中国电影产业的运作模式及电影院的开发、设计思路
餐饮企业经营策略第一书 吴坚　著	阐述餐饮企业产品之道、市场之道、顾客之道及盈利之道	赚不赚钱靠店长，从懂管理到会经营 孙彩军　著	注重专卖店的经营思路拓展，门店管理细节方面能力提升
时装买手自学通 范敏娜　编著	从流行趋势调研、商品企划、采购渠道、数据管理到店铺销售等时装买手需要具备的能力与操盘技巧	美容院/养生馆高盈利经营模式 陈鹏飞　著	5 步实现店铺高盈利方法与策略
零售巨头数字化转型操盘笔记 江楠　著	一线操盘运营经理分享传统零售巨头的新零售到家业务全盘操作细节		
农牧业			
一、农资			
饲料营销有方法 陈石平　著	饲料营销的 7 大核心命题	农资营销实战全指导 张博　著	在农资市场行之有效的营销策略和工具
新农资如何弯道超车 刘祖轲　著	农业产业化、互联网转型、行业营销与经营突破		
二、农牧企业			
中国牧场管理实战 黄剑黎　著	对牧场管理标准、管理制度、操作规程做出剖析和指引	中小农业企业品牌战法 韩旭　著	农业企业需要全产业链视野，更需要品牌实战方法
变局下的农牧企业 9 大成长策略 彭志雄　著	为农牧企业量身打造了 9 个立足现在、展望未来的成长策略	农产品营销实战第一书 胡浪球　著	针对 33 个农产品营销的核心问题提供具体招数
农产品全网营销 吴之　著	帮助全国农业合作社、家庭农场打造农产品品牌		
地产·汽车			
一、地产			
中国城市群房地产投资策略 吕俊博　刘宏　著	挖掘主要城市群的现状特征、发展因子、演化趋势、竞争关系等，给出分析建议	产业园区/产业地产：规划、招商、实战运营 阎立忠　著	从认知、规划、招商、运营四方面系统解读产业园区的建设精要和运营技巧
人文商业地产策划 戴欣明　著	“全球化视野（创意）”+“人文+”思维	产业园区/产业地产 2：系统化经营与操盘攻略 阎立忠　著	全方位系统解析产业园区运营策略

续表

书名	内容	书名	内容
从零开始打造产业园区 刘晓君　著	全流程，系统化，注重细节，多角度教你打造产业园区		
二、汽车			
商用车经销商运营实战 杜建君　著	对商用车经销商的经营与管理、4S店运营做了全方面的系统总结	汽车配件这样卖 俞士耀　著	适合轮胎、机油、维修、快保、美容、洗车等汽车服务业态销售实操办法
润滑油销售：这样说，这样做更有效 张金荣　著	总结润滑油销售面对三大客户常遇到的200余个营销问题解决方法	润滑油品牌营销 张金荣　著	没有说教，只有方法，适合小微企业、代工品牌、经销商、营销人阅读
投资理财·收购资本			
交易心理分析 马克·道格拉斯 【美】　著	一语道破赢家的思考方式，并提供了具体的训练方法	财报背后的投资机会 蒋豹　著	零基础轻松掌握财务报表的相关知识，快速入门
写给企业家的公司与家庭财务规划 周荣辉　著	以企业的发展周期为主线，介绍各阶段企业与企业主家庭的财务规划	分股合心 段磊　周剑　著	围绕股权激励，详细介绍相关知识和实行方法
成功并购300问 浩德并购军师联盟　著	系统学习资本运作和企业并购知识的金融工具书	并购名著阅读指南 叶兴平　著	从全球5000多本并购图书中精选200本并进行评价
避开股权合伙这些坑 苏雯静　著	根据创始合伙人、外部合伙人、内部合伙人等方面的实际案例做归纳和梳理	产业并购操盘手 张军杰　著	15个案例，11个范本，38个图表，拿来即用
科创板IPO上市全流程指导 丁先云　刘海旭　著	不仅有各项制度的深入剖析，更有各种问题和解决方案的详细论述，配合案例，轻松操作	市值战略：上市公司市值管理有方法 和恒咨询　著	正确理解，系统规划、全面执行市值战略。从“势道法术力”五个维度思考和设计市值战略
阿米巴			
阿米巴经营的中国模式 李志华　著	基于阿米巴经典理念提出了适合中国本土的员工自主经营的“1532”模型	集团化企业阿米巴实战案例 初勇钢　著	作者在某酒厂推行阿米巴经营模式的心得
中国式阿米巴落地实践之激活组织 胡八一　著	划分原则、裂变与整合、组织管控、重新定位、巴长竞聘和组阁	中国式阿米巴落地实践之从交付到交易 胡八一　著	从6个方面阐述经营会计，从交付到交易是成功实施阿米巴的标志
中国式阿米巴落地实践之持续盈利 胡八一　著	企业做成平台、平台做成阿米巴、阿米巴做成合伙制		
人力资源管理			
一、绩效·薪酬			
回归本源看绩效 孙波　著	从目的和概念帮助企业梳理绩效管理与经营的关系	走出薪酬管理误区 全怀周　著	从7个常见的薪酬误区入手为企业提供一套系统解决方法
曹子祥教你做绩效管理 曹子祥　著	作者核心授课课程的还原，掌握绩效管理的核心内容	曹子祥教你做激励性薪酬设计 曹子祥　著	作者28年咨询经验总结，如何进行科学的薪酬体系设计
把招聘做到极致 远鸣　著	资深招聘经理多年工作心得的提炼	把招聘做到极致2：灰度招聘全攻略 黄渊明　李佳倩　著	从实战需求出发，兼容并包各种优秀的招聘理论、方法、经验与工具，并进行创新性的应用

续表

书名	内容	书名	内容
二、招聘·面试·培训			
书名	内容	书名	内容
把面试做到极致 孟广桥　著	一套实用的确定岗位招聘标准，提升面试官技能方法	**世界500强资深培训经理人教你做培训管理** 陈锐　著	构建培训体系、培训组织、培训文化、开发培训资源，教你做培训管理
把猎头做到极致 李佳倩　黄渊明　著	帮助猎头顾问从平庸走向优秀	**招聘面试：用提问得到真相** 陈硕　著	十二年资深HR招聘面试经验分享，教你学会如何提问
人才评价中心漫画版 邢雷　著	用漫画形式写成的人才测评专业书籍	**上市公司培训体系搭建** 初忠宝　著	上市公司培训经理分享体系搭建的框架和案例
三、HR高管·劳动法			
经营型HRD 黄渊明　著	总结企业HRD如何支撑企业经营，抓好七件关键事情	**人才供应链：实现高绩效均衡的人才管理模式** 许锋　著	打造人才供应链的四大支柱、十项修炼的完整体系
新任HR高管如何从0到1 靳海　著	到互联网创业型企业担任HRVP，从0到1建立较完善的HR体系	**人力资源体系与e－HR信息化建设** 刘书生　陈莹　王美佳　著	6大框架、28个关注点、5大目标、6大优势、166个交付物咨询体系和盘托出
集团化人力资源管理实践 李小勇　著	针对集团型企业人力资源管理的问题提出科学建议	**我的人力资源管理笔记** 张伟　著	第三方咨询视角跳出“技术方法”看人力资源管理
人力资源的5分钟劳动法 李皓楠　著	入职管理、在职管理、离职管理中遇到的劳动法问题及应对	**海外人力资源管理：帮企业成功“走出去”** 黄渊明　著	弥补了中国企业海外人力资源管理实践体系建设的空白，具有开创性意义
从零开始学：胜任力模型建模与应用 林丽萍　著	手把手教你做胜任力建模，并通过大量的企业案例拆解介绍模型在各个方面的落地应用	**上市公司总经理助理工作笔记** 黄娜　著	40个案例，教你从小白助理到资深总助
用好任职资格体系 杨序国　著	以某企业为案例，系统地介绍了企业HR如何通过任职资格体系帮助员工成长	**胜任力模型咨询笔记** 韩文卿　著	吸取和总结了世界500强企业的胜任力模型搭建体系和方法
三支柱与业务型人力资源部建设 段凤鸣　著	从专业型HR走向业务型HR，有效提高HR在企业绩效中的贡献值		
四、HRBP			
HRBP是这样炼成的之菜鸟起飞 黄渊明　著	作者在初步转型HRBP两年时间里摸索实践的亲身经历与总结	**HRBP是这样炼成的之中级修炼** 黄渊明　著	结合作者亲身从事HRBP的工作经历，总结HRBP的作战故事
HRBP高级修炼 黄渊明　著	故事方式，HRD角度深度呈现运用HRBP的思维、方法		
企业文化			
企业文化落地本土实践 王祥伍　著	华夏基石“知信行”模型描绘企业文化落地路线图	**企业文化的逻辑** 王祥伍　著	从文化起源深刻剖析文化、效率、企业、企业文化联系
企业文化定位·落地一本通 王明胤　著	企业文化理念传播和落地聚焦的17种方法，解读了近100个实战案例	**36个拿来就用的企业文化建设工具** 海融心胜　著	汇集整理了36个通用的企业文化实践工具
企业文化激活沟通 宋杼宸　安琪　著	系统阐述沟通与企业文化的关系，给予企业提升沟通效能的企业文化解决方案	**企业文化建设超级漫画版** 邢雷　著	用漫画形式写成的企业文化建设专业书籍，理论体系和29个具体的操作方法
在组织中绽放自我 朱仁建　著	个人与组织之间的关系，文化对组织化形成的影响	**用企业文化提升经营绩效** 彭剑锋　尚艳玲　主编	企业要想在竞争中利于不败之地，就不能没有能打胜仗的企业文化与领导力
企业文化建设与咨询工具　案例 尹宏亮　著	着眼难题，为企业“把脉”做诊断		
流程管理			
营销·研发·供应链业务架构与流程管理 谭勋晖　著	营销、研发、供应链三大业务流程变革实践经验总结	**打造集成供应链** 王春强　著	第一用力在“集成”上，梳理内外部相关模块及其依赖关系

续表

人人都要懂流程 金国华　余雅丽　著	50幅流程管理漫画，内部对流程价值理念的高度共识	用流程解放管理者 张国祥　著	8个板块构成，共66篇文章，14幅流程管理图
用流程解放管理者2 张国祥　著	对中小企业规范化流程管理进行系统的阐述	跟我们学建流程体系 陈立云　罗均丽　著	在《跟我们做流程管理》的基础上丰富了标杆实践案例
质量管理			
书名	内容	书名	内容
16949质量管理体系落地与全套文件汇编 谭洪华　著	对IATF16949每个条款讲解采用理解、作用、落地、模板、成功案例模块解析	ISO9001：2015制造业文件模板全集 贺红喜　著	五篇内容组成的完整的质量管理体系工具文件
精益质量管理实战工具 贺小林　著	四个方面对精益质量管理进行了全方位介绍和解读，并提供大量的方法工具	五大质量工具详解及运用案例 谭洪华　著	APQP、FMEA、MSA、SPC、PPAP五大质量工具的具体运用
IATF16949质量管理体系详解与案例文件汇编 谭洪华　著	针对IATF16949的标准原文做详细解说，同时提供大量的表单案例	SA8000：2014社会责任体系认证实战 吕林　著	将SA8000多版本及10多年的体系实战经验汇编成书
ISO9001：2015新版质量管理体系解读与案例文件汇编 谭洪华　著	对ISO9001：2015新版标准理解和运用操作进行详细解读	ISO14001：2015新版环境管理体系解读与案例文件汇编 谭洪华　著	ISO14001：2015改版后的差别和操作运用进行详细讲解
我在世界500强做供应商质量管理 宋华　著	分享汽车行业成熟的供应商质量管理体系和方法，都是作者的亲身经历	ISO45001职业健康安全管理体系落地+全套案例文件 谭洪华　著	每个条款清晰讲解，内容完全落地，轻松运用
五大质量工具之FMEA（2019第五版）详解及运用落地 谭洪华　著	对2019年6月修订的第五版FMEA标准进行详解，提供落地操作方法和全部案例文件，可直接套用		
精益生产			
一、精益·JIT·IE			
精益思维：超越对手的力量 刘承元　著	以尊重人性的精益思想为切入点，分别从管理者的精益理念、精益思维、精益实践、精益中国制造等方面进行独到的分析	比日本工厂更高效 刘承元　著	管理提升无极限+超强经营力+精益改善里的成功实践
计划与物流精益改善之道 于晓光　著	围绕“计划与物流战略咨询的方法论”进行解析，提供方法论和案例	300张现场图看懂精益5S 乐涛　著	通过日本丰田、上市企业案例，用300张现场图系统讲解5S管理
3A顾问精益实践1：IE与效率提升 党新民　苏迎斌　蓝旭日　著	系统、全面地介绍IE工厂管理技术，提高效率创造价值	3A顾问精益实践2：JIT与精益改善 肖智军　党新民　著	系统、全面地介绍JIT生产方式，并加入实践案例
高员工流失率下的精益生产 余伟辉　著	从三方面论述推行精益管理时如何应对员工流失	让员工爱上6S管理 肖智军　著	提供了众多企业的原版资料、案例，还汇集了一些企业骨干的推行感想、感悟及反思
200张图表学精益管理：IE工厂效率提升方法 刘秀堂　著	IE工程师视角，全是一线经验。精益落地的实操方法，大量图表工具让你上手就能做		

续表

书名	内容	书名	内容
二、生产管理			
化工企业工艺安全管理实操 黄娜 著	围绕化工工艺安全14要素来展开分析	**手把手教你做专业生产经理** 黄娜 著	生产经理如何在信息流、物流、资金流三大流中开展工作
欧博心法：好工厂 靠管理 曾伟 著	从管人篇和管事篇帮助读者解决人难管、事难控	**欧博工厂案例1：生产计划管控对话录** 曾伟 曾子豪 著	工厂管理生产计划管控模块的8个全景细节大案例
欧博工厂案例2：品质技术改善对话录 曾伟 曾子豪 著	工厂管理品质、技术、效率管理模块的10个全景细节大案例	**欧博工厂案例3：员工执行力提升对话录** 曾伟 曾子豪 著	工厂管理人员管控模块的5个全景细节大案例
工厂管理实战工具 曾伟 著	中国传统文化指导下的工厂管理工具	**制造业成本倍减42法** 王天江 著	42种经过实际验证有效的成本降低方法，用61个真实案例说明
制造企业上10亿其实并不难 杨小林 著	年产值1亿~10亿元中小制造企业在工厂经营和管理上的业务指导		
三、班组长			
全能型班组：城市能源互联网与电力班组升级 国网天津电力公司 著	从互联网时期的班组转型升级出发，对新型班组组织模式和运行机制进行设想	**国网天津电力全能型班组建设实务** 国网天津电力公司 著	聚焦天津电力公司在探索全能型班组转型升级时的优秀实践
咨询·培训师			
培训师事业长青之道 廖信琳 著	培训师自我管理的“洋葱模型”、十项内容与五个层级	**管理咨询师的第一本书** 熊亚柱 著	深度剖析初级入行咨询师在工作中遇到的问题
资深管理咨询顾问工作心得 张国祥 著	使用手册讲述咨询师如何操作项目、老板如何选择咨询师、企业如何自主落地	**手把手教你做顶尖企业内训师** 熊亚柱 著	从开、控、收、编、制、用的角度去履行培训师的职责
TTT培训师精进三部曲上 廖信林 著	手把手教你“深度改善现场培训效果”的一招一式	**TTT培训师精进三部曲中** 廖信林 著	建构一整套培训课程设计与开发的认知架构和方法体系
TTT培训师精进三部曲下 廖信林 著	通过“沉淀职业功力的六度模型”，帮助培训师在职业技能上持续精进	**轻咨询：老板问诊管理咨询专家实录20例** 董坤 著	从1000+案例中精选的24个咨询案例笔记整理而成
产品·研发			
研发体系改进之道 靖爽 陈年根 马鸣明 著	取材数十家企业研发改进的咨询实践，提炼一套实操的改进步骤与工具	**新产品开发管理，就用IPD（升级版）** 郭富才 著	把产品经营的思想凝结在新产品开发管理机制中，升级版更丰富
产品开发管理：方法·流程·工具 任彭枞 著	结合超过300家企业的实际研发管理方法，总结问题和方法，大量表格	**资深项目经理这样做新产品开发管理** 秦海林 著	采用过程管理方法，对新产品开发的四大过程进行分析，主要针对小电器产品
产品炼金术Ⅰ：如何打造畅销产品 史贤龙 著	打造畅销产品的四个方法	**产品炼金术Ⅱ：如何用产品驱动企业成长** 史贤龙 著	从经营者视角重新认识产品，快速诊断产品现状
快消品产品开发方法：打造快消爆品 张荣举 著	提供整套实战性的思维、方法、技能和工具，直接带有表格及公式，一看就能上手		